De

―――――――――――――――

Para

―――――――――――――――

Fecha

―――――――――――――――

EL DADOR DE SUEÑOS
para padres

EL DADOR DE SUEÑOS

para padres

Bruce y Darlene Marie Wilkinson
con Andries Cilliers

> La misión de Editorial Vida es proporcionar los recursos
> necesarios a fin de alcanzar a las personas para Jesucristo
> y ayudarlas a crecer en su fe.

El DADOR DE SUEÑOS PARA PADRES
Edición en español publicada por Editorial Vida -2008
Miami, Florida

© 2008 Editorial Vida

Originally published in English under the title:
The Dream Giver for Parents by Bruce and Darlene Marie Wilkinson
Copyright © 2004 by Lux Verbi.BM
Published by Lux Verbi.BM
P.O. Box 5, Wellington 7654 South Africa
Tel. 021.864.8200 www.christians.co.za

All non-English Language rights are contracted through:
Gospel Literature International
P.O. Box 4060, Ontario, California 91761-1003 USA

Traducción: *Daniel A. Díaz*
Edición: *Madeline Díaz*
Diseño interior: *Grupo Nivel Uno, Inc.*
Adaptación de cubierta: *Pablo Snyder*

Reservados todos los derechos. **A menos que se indique lo contrario**, el texto bíblico se tomó
de la Santa Biblia Nueva Versión Internacional. © 1999 por la Sociedad Bíblica Internacional.

ISBN: 978-0-8297-5323-3

Categoría: Vida cristiana/Crecimiento personal

Impreso en Estados Unidos de América
Printed in the United States of America

08 09 10 11 ___ 6 5 4 3 2 1

CONTENIDO

Prefacio 9

PARTE I
UNA PARÁBOLA PARA LOS PADRES

∽

PARTE II
SIETE SECRETOS PARA EDUCAR
A UN SOÑADOR

1. Sé osado... 43
2. Ofréceles... 58

3. Ñequea... 77

4. Afirma... 93

5. Determina... 109

6. Otórgales... 125

7. Recuérdales... 140

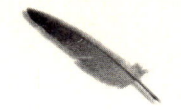

PREFACIO

¿Crees que todo niño nace con un Sueño para su vida? ¿Y que tú también naciste con uno? No importa a dónde viaje y con quién hable, todavía no he encontrado a una persona que no haya tenido un Sueño. Ellas pueden *no* ser capaces de describirlo. Pueden haberlo enterrado en algún rincón de sus corazones. Pueden no creer más en él. Sin embargo, *está ahí*.

Todos nosotros tenemos el sentimiento de querer «hacer algo significativo» con nuestras vidas, le llamo a este anhelo poderoso y universal un Gran Sueño. Y, como el código genético que describe nuestras pasiones y habilidades únicas, el Gran Sueño de tu hijo ha sido entretejido en su ser desde el nacimiento… por lo tanto nunca es muy parecido al Sueño de alguien más. En realidad, la constitución única de tu hijo está apuntando hacia su Sueño. Y como padre tu privilegio es ayudar a tus hijos a descubrir y darles forma a sus Sueños.

En mi libro *El Dador de Sueños,* hablé sobre los Sueños y el Dador de nuestros Sueños, así como de los obstáculos que todos encontramos en nuestro Viaje al perseguir nuestros Sueños. Mi oración es que dicho libro te ayude a descubrir tu Sueño único (¡pues nunca es demasiado tarde para eso!). *El Dador de Sueños para padres* es una guía práctica para inspirar y apoyar a *tu hijo* en el Viaje hacia su Sueño. Como en *El Dador de Sueños*, este libro está compuesto de dos secciones. La **Parte I** es una parábola adecuada para la época actual, la cual trata sobre unos padres establecidos en la Tierra Conocida que aprendieron a aceptar y respaldar de manera activa el deseo ardiente de sus hijos de perseguir sus Grandes Sueños. Conoceremos al señor y la señora Común, que tuvieron un tiempo difícil cuando su hijo, Común, emprendió su Viaje; también conoceremos a los Cómodos, cuya hija acaba de comenzar a descubrir su Sueño. Esta historia tiene la intención de introducirte a las ideas importantes de las cuales quiero hablar en la **Parte II,** «Educar a un Soñador», donde comparto contigo siete secretos para guiar a tus hijos a descubrir y perseguir su Sueño.

Los soñadores aprenden con prontitud que cada Viaje de los Sueños se encuentra bloqueado por los obstáculos que amenazan el Sueño. He ahí la razón por la cual es tan importante que los Grandes Soñadores tengan una gran perseverancia. Mientras más información y experiencias relacionadas con sus intereses y talentos les proporciones a tus hijos, mejor equipados estarán para su Viaje y será menos probable que abandonen sus Sueños. Y mientras más te apoyes en el Dador de Sueños para buscar guía e inspiración, mejor comprenderán ellos que Dios está moldeando sus Sueños para ajustarlos a su Gran Sueño para el mundo.

Así que permíteme preguntarte: ¿Notaste los comienzos de un Gran Sueño en tu hijo, pero el Sueño se extravió a lo largo del camino? ¿Está experimentando un revés tras otro? ¿Sientes como si a Dios se le hubiera olvidado por completo darle un Gran Sueño a tu hijo? Tal vez fue tu propio Sueño el que no se concretó y ahora quieres ahorrarle a tu hijo ese dolor de cabeza al evitar mencionarle los Grandes Sueños.

Que este libro te ayude a llegar a ser otra vez un Soñador, a disfrutar los Sueños de tu hijo así como los tuyos; que te convenza de que los sueños puestos por Dios en el corazón de tu hijo y en el tuyo se corresponden con su propósito para ustedes; y que los inspire a ti y a tus hijos a perseguir sus Sueños de manera activa.

El mundo está esperando... ¡y el Dador de Sueños también!

Con cariño,

BRUCE WILKINSON

Johannesburgo, Sudáfrica

Noviembre de 2003

Parte I

Una parábola
para los padres

*Dios te creó para un propósito más alto. Este es el viaje
más importante de tu vida… perseguir el propósito
que Dios te ha dado.*

Bruce Wilkinson en El Dador de Sueños

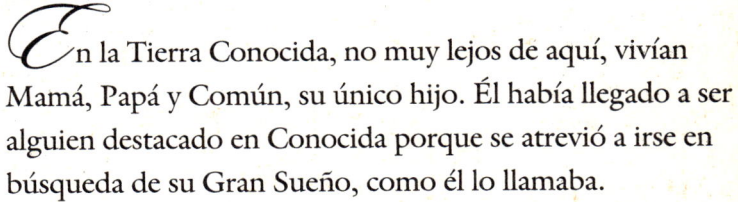

En la Tierra Conocida, no muy lejos de aquí, vivían Mamá, Papá y Común, su único hijo. Él había llegado a ser alguien destacado en Conocida porque se atrevió a irse en búsqueda de su Gran Sueño, como él lo llamaba.

«Siempre supe que había algo mal con él», decían las personas cuando los padres de Común no podían oírlos. Sin embargo, frente a ellos comentaban: «¡Debe ser... *interesante* tener un hijo tan *especial*!»

Mamá estaba pasando una época difícil con su hijo. El primer día que sostuvo al pequeño Común en sus brazos había dicho: «Comuncito, mi amor, Mamá te promete que te mantendrá siempre a salvo». Ahora ni siquiera sabía dónde él estaba. La última vez que lo había visto se encontraba remando en un bote pequeño por las Aguas Anchas que limitaban con el extremo más lejano de

Conocida. Desde entonces no sabía nada de él. Su hijo le había dicho que iría de viaje a una tal Tierra de la Promesa desconocida. No obstante, Mamá no lograba tener paz en su mente. ¿Qué pasaría si este camino llevaba directo a las Tierras Perdidas, esa región aislada de la cual solo se oían los cuentos más horrorosos?

«Puede que para él sea un sueño», se quejaba ante Papá, «pero para mí es una pesadilla interminable. Y todo es por tu culpa. Soñar es típico de los de *tu* familia». Y no estaba tan errada. Cuando era joven, Papá también había tenido un Sueño, pero lo había enterrado tan profundo que ya casi ni lo recordaba. No había tenido el coraje para irse de Conocida y embarcarse en la peligrosa búsqueda de su Sueño.

—En el momento en el que Comuncito mencionó su tal Sueño, tú te emocionaste —le había reclamado Mamá a Papá cuando Común había anunciado que se iba—. ¡Podrías haberlo disuadido para que no lo hiciera! ¡Pero no, tuviste que comenzar a soñar junto con él! ¡A tu edad eso es sencillamente ridículo!

—Si un padre no puede soñar junto con su hijo —le respondió Papá—, ¿cómo va a llegar ese hijo a creer en sus Sueños? ¡Desearía que *mi* padre se hubiera entusiasmado con mis Sueños!

Mamá refunfuñó y se fue detrás de Común para detenerlo. Sin embargo, su tono había cambiado cuando volvió sola con la noticia de que Común estaba empecinado en perseguir su Sueño.

—Esto del Sueño todavía me parece un misterio —había dicho—. No obstante, ahora sé que mi hijo tenía que subirse a ese pequeño bote y cruzar las Aguas Anchas. Sencillamente tiene que irse tras su Sueño.

Desde entonces, Mamá había estado en medio de emociones encontradas. Pensaba que su Comuncito había hecho lo correcto, pero era asediada por el hecho de que su hijo estaba afuera en lo Desconocido. Cuando otras personas en Conocida insinuaron que Común había perdido la razón, ella se precipitó a defenderlo. Con todo, en los momentos de calma se lamentaba de que Común se hubiera involucrado alguna vez en los Sueños.

—*Yo me* habría rehusado a dejarlo ir —le dijo su mejor amiga, Mamá Mimos—. Si *mi* hija hubiera contemplado una idea semejante, la hubiera detenido, incluso aunque tuviera que gritar, llorar o fingir un ataque al corazón. Ninguna de mis hijas se va a ir de Conocida. ¡Es una total locura!

Mamá intentó cambiar el tema:

—¿Y cómo está Pequeña Mimada? ¿Todavía está brillando cucharitas para Alacena Conocida? ¿O eran tenedores?

Sin embargo, tan pronto como Mamá Mimos se fue, se echó en la cama a llorar por Común.

~

Ahí fue donde Papá la encontró cuando llegó a la casa de su Trabajo Usual. Se sentó junto a ella en la cama y la rodeó con sus brazos.

—¡No entiendo esto del Sueño! —sollozó Mamá—. Explícame... después de todo, ¡tú también fuiste afligido por los Sueños cuando eras joven!

Papá se quedó callado por un momento. Luego le respondió:

—Yo creo que tú también tienes un Sueño.

—¿Quién, yo? ¿De dónde sacaste esa idea? Yo soy una ciudadana común y respetable de Conocida. ¡No me verías subirme a un pequeño bote e irme remando mientras mi pobre madre se queda llorando en la playa!

No obstante, Papá no se iba a dar por vencido tan fácilmente.

—Piensa un poco, ¿qué te hizo salir detrás de Común e intentar detenerlo?

—Solo quería ser una buena madre —murmuró Mamá—. Estoy preocupada por la seguridad de mi hijo.

—¡Exactamente! —dijo Papá orgulloso—. Ese es un sueño también, ¿sabes? Nos encontramos viviendo nuestro Sueño cuando hemos llegado a ser aquello para lo cual nacimos, en el momento en que estamos en capacidad de decir: «Estoy feliz cuando soy de esta manera». Dime, ¿alguna vez te has encontrado una pluma blanca y larga?

Mamá se sentó derecha, sobresaltada.

—¿Por qué?

—Bueno, cuando era joven y descubrí mi Sueño, me encontré una pluma blanca como esa. Pero como el tiempo pasó sin que yo hiciera algo al respecto, mi pluma se convirtió en polvo. Común también se encontró una pluma junto con su Sueño, pero la usó para escribir su Diario de los Sueños... pues descubrió que no tenía otra opción diferente a perseguir su Sueño. La pluma blanca es una señal de que no fuiste tú quien inventó tu Sueño... sino que el mismo proviene del Dador de Sueños.

—Yo encontré una pluma blanca el día en que nació Común —musitó Mamá—. Nunca entendí lo que significaba. Sabes que nunca le he puesto mucha atención a esa conversación sobre el Dador de Sueños. Con todo, guardé la pluma. Debe estar en alguna parte entre los álbumes de Comuncito.

Se levantó de un salto y fue a buscarla. Ahí estaba, ligeramente descolorida y desgastada, todavía reposando entre las páginas del álbum. La tomó y acarició con suavidad las fotos del pequeño Común.

—Solía hacerle cosquillas con ella cuando era pequeño —recordó.

—¡Entonces su inclinación por los sueños es *tu* culpa! —se rió Papá—. ¡Debí haberlo adivinado!

—Pero eso no tiene sentido —dijo Mamá confundida—. Mi Sueño definitivamente es ser una buena madre y mantener a Comuncito a salvo. No obstante, *su* Sueño es salir y exponerse a quién sabe qué clase de peligros. ¡Así que nuestros Sueños son mutuamente excluyentes!

—Tal vez no entiendes muy bien tu Sueño. Se trata de ser una buena madre para Común, eso está claro. Cuando él era menor, tal cosa quería decir consentirlo y procurar su seguridad. Pero mientras crecía, tu Sueño debió crecer con él.

—¿Estás diciendo que mi Sueño de mantenerlo a salvo no era lo suficiente grande para él? —le preguntó Mamá.

—¡No, no era lo suficiente grande para ti! —respondió Papá con emoción—. Sí, ahora lo veo: Cuando le permitiste a Común marcharse a otros lugares para perseguir su Sueño, en realidad también estabas cumpliendo tu Sueño. Todavía estabas siendo una buena madre. Fue solo que tu Sueño se había hecho más grande. El Sueño de permitirles a tus hijos irse cuando deben hacerlo es mayor que el de aferrarte a ellos. ¡Ese es un Sueño lo suficiente grande para una mujer como tú!

—Pero si eso es cierto, ¿por qué estoy sufriendo de esta manera? —preguntó Mamá.

—Porque nada de lo que vale la pena se consigue de forma fácil. Un Sueño que se hace realidad con facilidad, en verdad no trae mucho significado a nuestra vida. Soñar con que los hijos sigan siendo dependientes no es muy valioso. Sin embargo, soñar con enviar a nuestros hijos al mundo para que persigan sus Sueños… ¡eso sí es un gran Sueño!

—Bueno, no comiences a sermonearme —dijo Mamá riendo—. He decidido usar esta pluma blanca para escribir acerca de mi Sueño y de Común, y de cuán difícil es no saber dónde está.

Y de repente la pluma en sus manos se transformó: se volvió de un blanco puro y nueva, como si justo acabara de recibirla.

~

«Viendo las cosas en retrospectiva», escribió Mamá con la pluma blanca en su nuevo Diario de los Sueños, «me doy cuenta de que Común siempre se ha abierto el camino a las

Cosas Grandes. Lo recuerdo construyendo una ciudad de barro completa en nuestro jardín cuando era muy pequeño.

"Mira, mami", había dicho el niño, "este es un lugar donde todos pueden vivir bien, un lugar mucho mejor que la Tierra Conocida". ¡Y yo me había unido a él en todo eso! Nunca se me ocurrió que estaba compartiendo su Sueño. Tal vez también sea una buena cosa…»

Mientras estaba recordando cómo Mamá Mimos solía hacer comentarios de desaprobación: «¡Ningún hijo mío jugará con el barro de esa manera!», escuchó un golpe en la puerta. Se trataba justo de Mamá Mimos, la cual tenía la cara roja por el llanto.

—Sencillamente ya no sé qué hacer —se lamentó mientras se derrumbaba en la silla reclinable de Papá—. Pequeña Mimada no quiere comer. No quiere ir a ninguna parte ni hacer nada. Dice que odia su vida; solo quiere acurrucarse y morir.

Mamá Mimos se sonó la nariz.

—He intentado consolarla, recordarle cuán cómodo es su trabajo. No obstante, cuando se lo menciono, ella reacciona diciendo que aunque no volviera a ver un cuchillo en su vida, ya sería demasiado tarde.

Cuchillos era lo que brillaba, recordó Mamá en ese momento. La pequeña Mimada era Brilladora Asistente en *Cuchillos*. Pero ahora parecía que había llegado a estar insatisfecha.

—Y ya conoces a Papá Difícil —continuó Mamá Mimos rompiendo en llanto una vez más—. Toda la vida he tenido que proteger a Pequeña Mimada de él. Dice que la niña necesita mano dura y que la va a desheredar si ella no le pone fin a ese comportamiento absurdo. Así que pensé que podría hablar contigo, porque tú también tienes un hijo problemático y...

—Él no es un hijo problemático —respondió Mamá con brusquedad—. Tengo un hijo Soñador y solo hasta hace poco pude entender que seguir nuestros propios Sueños es en realidad lo que todos deberíamos estar haciendo. Tal vez ese es el problema de Pequeña Mimada: no le gusta lo que está haciendo. ¿Alguna vez has intentado preguntarle qué le agradaría hacer? Quizás ese trabajo que le consiguió Papá Difícil no se ajusta a ella. Si pudiera hacer lo que ama, podría encontrarle sabor a la vida de nuevo. ¿No será que ella tiene su propio Sueño?

—No creo que sea nada tan serio —dijo Mamá Mimos con ansiedad—. ¿Y cuál es el punto de preguntarle a ella qué quiere hacer? ¡Por el amor de Dios, somos sus padres! ¡Si nosotros no sabemos qué es lo mejor para ella, quién podrá saberlo! Brillar cuchillos es un trabajo honesto.

De repente Mamá tuvo una idea.

—¿Te gustaría leer esto? —le preguntó, y acto seguido le entregó su Diario de los Sueños—. En realidad no pretendía que nadie lo leyera, pero tal vez te ayude.

Puso el Diario en las manos de Mamá Mimos. Ninguna de las dos dijo nada mientras ella permanecía sentada leyendo. Hasta que por fin rompió el silencio.

—Creo saber lo que debo hacer. Necesito tener una conversación con Pequeña Mimada acerca de lo que ella quiere en realidad. Tal como tú, quiero ser una buena madre, pero no siempre sé cómo serlo.

—Aprenderás por el camino —le aseguró Mamá—. Eso es lo que todos debemos hacer.

~

A la mañana siguiente, Mamá estaba escribiendo en su Diario de los Sueños cuando Mamá Mimos se apareció una vez más en la puerta del frente. En esta ocasión, Pequeña Mimada estaba con ella.

—¡Ya basta de Sueños! —protestó Mamá Mimos—. ¿Sabes qué quiere hacer la niña? ¡Quiere *dibujar*!

—¿Y...? —quería saber Mamá.

—¡Tú no entiendes! ¡No quiere dibujar cosas útiles, como nuevos diseños para los cuchillos! Quiere dibujar...

los Sueños de otras personas. Tiene una pluma blanca, tal como la tuya y la de Común, y cree que podría ayudar a los demás a entender sus Sueños si conversan acerca del tema y luego los dibuja para ellos. ¡Ella considera que si las personas pudieran tener un cuadro claro de sus Sueños, tendrían más éxito al vivirlos!

—¡Me parece que es un Sueño maravilloso! —dijo Mamá con una sonrisa, mientras Pequeña Mimada se acercaba con timidez un poco más a ella.

—¡Pero no hay trabajo en la Tierra Conocida para los Dibujantes de Sueños! —farfulló Mamá Mimos—. ¡Nunca conseguiría vivir de eso! ¿Y qué va a decir Papá Difícil? Odia los «dibujos tontos» y odia los Sueños... ¡y ahora su hija quiere seguir una carrera relacionada con ambas cosas!

—Pequeña Mimada es una gran chica —dijo Mamá, aunque la chiquilla que estaba sumida en llanto junto a ella no lo parecía en ese preciso instante—. Ella puede decidir por sí misma. Si quiere ser una Dibujante de Sueños, tenemos que ayudarla.

—Conozco a un Dibujante de Sueños que vive aquí —propuso tímidamente Pequeña Mimosa—. Tal vez pueda ir a verlo y...

—Perfecto, te llevaré allá... —dijo Mamá.

—Voy contigo. Vamos a ver —dijo Mamá Mimos.

El Dibujante de Sueños vivía en una calle pequeña, en un sector pobre de Conocida. Su pequeña casa estaba llena de pinturas.

—¿De dónde sacas ingenio para dibujar todo esto? —preguntó sorprendida Mamá Mimos.

—*Yo* no ingenio nada —explicó el Dibujante de Sueños—. Los Sueños son creados por el Dador de Sueños, que también los pone en el corazón de las personas justas. Él solo me ha proporcionado el don de ayudar a las personas a ver los Sueños que les ha dado. La gente entiende mejor sus Sueños si tienen un cuadro de cómo se ven.

Luego miró a Mamá.

—Usted es la madre de Común, ¿no? —le preguntó mientras escarbaba entre sus cosas y tomaba después algunos dibujos—. Común me pidió dibujar su Sueño antes de partir. Dejó este boceto aquí porque esperaba que usted o su padre lo vieran algún día.

La primera pintura era del pequeño Comuncito tal como ella lo recordaba: en el barro con su Gran Ciudad frente a él. Mamá se quedó muda.

—Dibujé dos más después de la partida de Común. No entiendo por qué el Dador de Sueños me llevó a dibujarlos, pero tal vez fuera porque *usted* los iba a necesitar.

La segunda pintura sobresaltó a Mamá. Mostraba a Común caminando alrededor de una ciudad en decadencia, rodeado de niños delgados y con la apariencia de estar hambrientos.

—¡Ay! —dijo Mamá Mimos—. No me parece que esto se parezca mucho al Dibujo de un Sueño.

—¡Pero mira cuán feliz se ve, como si estuviera justo donde tiene que estar! —exclamó Pequeña Mimada—. Esta es la pintura más hermosa que he visto en mi vida.

Mamá volvió a mirarla. Era cierto. Nunca había visto tanta felicidad en la mirada de Común. Entonces vio la tercera pintura. Común estaba de pie sobre la muralla de una ciudad hermosa. Alrededor de él, los niños estaban jugando felices.

—Esto es posible —explicó el Dibujante de Sueños—, si Común sigue su Sueño.

—Me gustaría poder dibujar de esa forma —dijo Pequeña Mimada.

El Dibujante de Sueños se quedó mirándola por largo rato. Luego le dijo:

—Lo harás.

Y volteándose hacia Mamá Mimos añadió:

—Y... usted también lo hará.

Mamá Mimos se puso colorada.

—Yo tuve un Sueño una vez, hace mucho tiempo, pero...»

—¡Mamá! —la acusó Pequeña Mimada con una sonrisa—. ¡Tú nunca dijiste ni una palabra!

Las dos comenzaron a hablarle con emoción al Dibujante de Sueños. Mamá estaba ahí, abrazando las tres pinturas de Común. Nadie se dio cuenta de que se había marchado, llevándose consigo los dibujos.

~

Una vez en casa, puso los Dibujos de los Sueños junto con la pluma blanca y su Diario de los Sueños. Entonces oyó la puerta del frente abriéndose. Caminó con rapidez hasta la puerta. Era Papá, y traía a un extraño con él. El hombre estaba demacrado y se veía enfermo. Sus ojos estaban apagados y sus manos temblaban.

Papá puso un brazo alrededor de los hombros de Mamá.

—Querida —le dijo—, este es Media Vuelta. Me temo que tiene malas noticias para nosotros.

—¿Común? —preguntó Mamá.

Media Vuelta asintió, pero no la miró a los ojos.

—¡No puede estar muerto, sé que no está muerto! —gritó Mamá—. Lo habría sabido...

—Cuando lo vi por última vez en las Tierras Perdidas —murmuró Media Vuelta—, estaba flaco y su ropa estaba raída, pero estaba vivo.

—¿Las Tierras Perdidas? —gritó Mamá—. ¡Pero si iba rumbo a la Tierra de la Promesa!

—¡La Tierra de la Promesa! —se rió Media Vuelta con brusquedad—. Sí, ¿acaso no creímos todos esa vieja historia? Sin embargo, acepte mi palabra: Yo también entré a las Tierras Perdidas esperando llegar a la Tierra de la Promesa. ¡No hay tal cosa como ese lugar! Esa es una de las razones por las que regresé.

—Si la Tierra de la Promesa no existe, ¿dónde está Común ahora? —preguntó Papá.

—La última vez que lo vi iba camino al Valle de los Gigantes —respondió Media Vuelta—. Nadie ha vencido a los Gigantes. He visto con mis propios ojos cómo ellos mataron a Soñadores que estaba intentando vencerlos en su camino a la Tierra de la Promesa.

—¿Pero y entonces qué pasó con el Dador de Sueños? —preguntó Mamá—. ¿No se supone que él ayuda a los Soñadores a vencer a los Gigantes?

—¿El Dador de Sueños...? —la voz de Media Vuelta descendió—. Yo también solía creer en él. No obstante, él no alivió mi sufrimiento en las Tierras Perdidas, ni me mostró un atajo para salir, ni apartó a los Gigantes de mi camino. A veces creo que no le importa lo que nos ocurre en nuestro viaje a la Tierra de la Promesa... ¡el camino que nos pidió seguir! Tal vez ni siquiera existe.

—¡Pero dijiste que Común estaba vivo! —objetó Mamá—. ¡Todavía hay esperanza!

—No, lo siento mucho —susurró Media Vuelta tan bajo que ella casi no logra oírlo—. Yo vi a los Gigantes y vi a Común. No puedo imaginar cómo tendría alguna posibilidad de sobrevivir en el Valle de los Gigantes.

—¡Pero él todavía *estaba* vivo! —insistió Mamá.

~

Esa noche Papá y Mamá se sentaron a hablar en la oscuridad de la sala.

—Todo es mi culpa —dijo él—. Nunca aprendo. Sabía que soñar era peligroso, esa fue la razón por la cual *yo* nunca me atreví a cumplir mis Sueños. Pero luego animé a mi hijo a embarcarse en este viaje tan descabellado e irse en pos de su Sueño. Nunca debí haber confiado en el Dador de Sueños. Dador de Sueños... ¡bah!

Mamá no dijo nada. Estaba sentada pasando las hojas del álbum de Común, anhelando los brazos de ese pequeño chico alrededor de su cuello. Sentía que nada de lo que dijera produciría cambio alguno. De repente, recordó los Dibujos de los Sueños. Fue a buscarlos y se los mostró a Papá, diciéndole lo que el Dibujante de Sueños le dijo. Papá se quedó mirándolos por un largo rato. Hasta que por fin dijo:

—Son solo dibujos. No son la realidad. La realidad dice que le permití a mi hijo sufrir en las Tierras Perdidas y de manera indirecta lo envié a una misión imposible en el Valle de los Gigantes. Las pinturas son solo pinturas. Sin embargo, la verdad es que he causado la pérdida de la vida de Común.

—No sé, estos dibujos me producen esperanza —dijo Mamá—. Creo que el Dador de Sueños le dio a conocer esto al Dibujante de Sueños para que lo dibujara y así supiéramos que Común va a llegar a la Tierra de la Promesa. Yo confío en el Dador de Sueños. Antes no era sino un nombre para mí, pero he aprendido algo al atravesar por todo esto. He aprendido que él de verdad está con nosotros. Y creo que está también con Común. No podemos estar allá, pero él sí está.

—¡Esas son solo palabras y una charla vacía! —masculló Papá.

—Sé exactamente lo que voy a hacer. Voy a escribir en mi Diario de los Sueños: *Pongo a Común en tus manos, oh, Dador de Sueños. Haz con él como mejor consideres* —dijo Mamá y estalló en llanto.

De repente, una luz brillante apareció en la sala, brillando alrededor y a través de ellos.

—*Estoy con ustedes* —dijo una voz.

Mamá y Papá cayeron de rodillas.

—Ah, Dador de Sueños, lo siento porque yo... —balbuceó Papá.

—*Entiendo* —dijo el Dador de Sueños—. *Ha sido muy duro para ustedes el haber dejado ir a Común. Pero antes de que fuera suyo, él ya era mío. Y continúa en mis manos, no en las suyas.*

—¿Está a salvo? —preguntó Mamá con el corazón en vilo.

—*No les corresponde a ustedes saber eso. La historia de la vida de Común es entre él y yo. Quiero hablar con ustedes acerca de sus vidas. Pero si no confían en mí, no servirá de nada.*

—Estamos intentándolo, pero es difícil —exclamó Papá.

—*Lo sé, pero sean pacientes. Guarden silencio y esperen.*

Se sentaron calladamente y esperaron. Y esperaron. Y esperaron.

La luz comenzó a desvanecerse, pero ellos siguieron esperando. Con el tiempo, la habitación se oscureció por completo. No hay nada más que hacer, pensaron, sencillamente debemos ser pacientes.

~

Llegó a ser una espera muy larga. No recibían noticias de Común. Tampoco oyeron ni una sola palabra del Dador de Sueños. Todo lo que tenían para aferrarse era el recuerdo de sus palabras: *Guarden silencio y esperen*. Eso y los tres Dibujos de los Sueños.

Un día Mamá Mimos se apareció.

—No van a creer esto —dijo sin aliento por la emoción—. ¡Pequeña Mimada está pintando como un Sueño! ¡Está muy feliz! —vaciló por un momento y luego tomó una pintura de un archivo muy grande que estaba cargando—. Y yo tampoco dibujo tan mal.

Mamá le echó un vistazo al dibujo. Las líneas aún eran algo inestables, pero de verdad no estaba tan mal. Lo que más la sorprendió fue el tema de la pintura. Mamá Mimos había dibujado a Papá Difícil con los brazos extendidos. Una mano estaba haciendo señas, como si estuviera invitando a las personas a acercársele, mientras que con la otra las estaba alejando.

—Me di cuenta de cómo es Papá Difícil en realidad —explicó Mamá Mimos—. Su Sueño es amar a las personas, pero está demasiado asustado como para permitirles a los demás acercarse a él —añadió riendo—. ¡Ahora debo encontrar el coraje para mostrarle esta pintura! ¡Todavía no ha hecho las paces con nuestros «dibujos tontos»!

Mamá tomó la pintura mientras su mente divagaba, pensando una vez más en Común y sus dibujos.

—Desearía saber qué les ocurre a los Sueños —dijo.

Sin embargo, Mamá Mimos no estaba escuchando.

—Y esta es de Pequeña Mimada. Es mucho mejor que la mía.

El Dibujo de los Sueños de Pequeña Mimada mostraba a Común parado sobre una roca. Frente a él había oscuridad, pero Común estaba mirando hacia atrás, con su cara hacia la luz. Un poco detrás de él estaba parada Pequeña Mimada, con sus ojos fijos en la cara de Común.

—Te darás cuenta de qué quiere decir esto, por supuesto —estaba diciendo Mamá Mimos—. Ella quiere seguirlo tan pronto como aprenda a dibujar bien. Dice que de alguna forma sabe que donde Común está, necesitan un Dibujante de Sueños.

—Pero no sabemos dónde está él —dijo Mamá y comenzó a llorar—. Ni siquiera sabemos si todavía está vivo.

Le digo a Papá que confío en el Dador de Sueños, pero a veces yo no estoy tan segura.

—Déjame decirte algo —respondió su amiga en tanto abrazaba a Mamá—. No sé si Común todavía está vivo. Pero lo que sí sé es que casi todo lo que conozco acerca de ser una buena madre lo he aprendido de ti. También fuiste tú la que se aseguró de que fuéramos a ver al Dibujante de Sueños. En mi opinión, el Dador de Sueños los ha puesto a ustedes dos como ejemplos para nosotros, de manera que pudiéramos darnos cuenta de cómo ha de verse el camino más adelante. Si debiera hacer un Dibujo de los Sueños sobre ustedes, *los* mostraría consolándome a *mí* un día porque no sabía dónde estaba Pequeña Mimada en aquel entonces.

Al comienzo, Mamá no dijo nada. Luego secó sus lágrimas y dijo:

—¿Sabes qué? ¡Creo que me has devuelto mi Sueño! Quizás el Dador de Sueños quiere mostrarme que podría darles a otras personas el mismo amor y cuidado que le daba a Común. Hay muchas personas heridas y quebrantadas allá afuera que necesitan un poco de seguridad y sentirse a salvo… ¡y eso es algo que yo puedo hacer muy bien, hacerle sentir a la gente que está segura!

Esa noche Papá llegó a la casa emocionado y aliviado, sostenía en su mano una carta de Común… ¡desde la Tierra de la Promesa! Él y Mamá la leyeron juntos una y otra vez:

Mis muy queridos Mamá y Papá:

Estoy escribiéndoles después de una travesía muy larga. ¡Lo logré! Ahora me encuentro viviendo en la Tierra de la Promesa, viendo cómo mi Gran Sueño se hace realidad a mi alrededor. ¡Y pensar que todo comenzó con unos pedacitos de madera y barro cuando era solo un niño pequeño!

Me he dado cuenta de que cada persona tiene un Sueño… ¡y nunca es demasiado tarde para ir detrás de él! Piensas que tu Sueño ha muerto, Papá, lo sé, pero un Gran Sueño proveniente del Dador de Sueños nunca muere. Tu Sueño está aquí en alguna parte, tan solo esperando que comiences a vivirlo. Y si no lo persigues, puede que nunca suceda algo importante.

Como verás, Papá, te estoy enviando mi pluma. Te ayudará en el largo camino que tienes por delante. ¡Te llevará directo a un milagro con tu nombre escrito sobre él! Lo mismo aplica para Mamá, que, por supuesto, ¡también tiene un Gran Sueño!

No puedo esperar a verlos a los dos una vez más… aquí, en la Tierra de la Promesa.

¡Los extraño!

Con todo mi amor,
Su hijo, Común

—Parece que lo mejor es comenzar a empacar —dijo Papá.

—Con seguridad, pero vamos a esperar un poco —contestó Mamá sonriendo—. Hay alguien a quien quiero invitar a ir con nosotros, pero ella no está del todo lista para el viaje.

Y comenzó a planear cómo persuadir a Papá Difícil para que le permitiera a Pequeña Mimada embarcarse en el Viaje de los Sueños. Quién sabe, pensó Mamá, tal vez cuando Común y Pequeña Mimada se encuentren de nuevo…

Y vio un nuevo Sueño tomando forma ante ella.

Parte II

Siete secretos para educar a un soñador

Sé osado para permitirles a tus hijos soñar con *cambiar el mundo*.

Ofréceles Sueños que traigan *significado* a sus vidas.

Nequea, esfuérzate en todas las esferas de la vida en las que *son buenos* o con las que *se emocionan*, las cuales constituyen indicadores claros de los Sueños hechos a la medida que Dios puso en sus corazones.

Afirma tu propia fe en los Sueños de tus hijos al permitirles tener acceso a toda la *información y experiencias* que los ayudarán a definir sus Sueños.

Determina usar toda oportunidad para ayudarles a aprender de las personas que constituyen un *ejemplo*, tanto positivo como negativo.

Otórgales confianza en el Dador de Sueños como la única *Guía* que les mostrará cómo darle forma a sus Sueños para que se ajusten con el Gran Sueño de Dios para el mundo.

Recuérdales que seguir un Gran Sueño requiere *perseverancia*, tenacidad y creatividad para resolver los problemas.

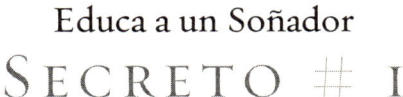

Educa a un Soñador
SECRETO # 1

> **SÉ OSADO** para permitirles a tus hijos soñar con *cambiar el mundo*.

Enséñale a tu hijo que las cosas pueden cambiar; el mismo hijo cuyos pensamientos tú influencias de esta forma, cambiará al mundo con el tiempo.
BRUCE WILKINSON

~

*De todas las cosas maravillosas que mis padres me enseñaron, una está por encima de todas las demás: **ellos creían que toda persona podía lograr un cambio en el mundo**. Me enseñaron que podía*

> *escoger vivir de tal manera que después de mi muerte,*
> *la gente pudiera decir que el mundo era un lugar*
> *mejor porque yo había estado ahí.*
>
> GERALD G. JAMPOLSKY EN *Una persona puede ser determinante*

~

> *Es inconcebible que se pueda nacer, casarse, tener hijos*
> *y morir sin haber hecho algo*
> *—no importa cuán pequeño— para cambiar el*
> *mundo para bien.*

Ella ha llegado a los treinta años, pero todavía está luchando para encontrar su rumbo. Es evidente que la vida la está abatiendo. Las ojeras son patentes en su rostro. Una vez que te sientas a hablar con ella, su amargura llega a ser innegable: «Mi padre siempre me dijo que yo no era nadie y que nunca llegaría a hacer algo en la vida. Y hoy yo también lo creo así».

Considera ahora este caso: Un joven estudiante ha experimentado un revés tras otro. Solía ser un excelente deportista, pero debido a las heridas sufridas en un accidente automovilístico quedó incapacitado por seis meses. Justo cuando estaba en capacidad de comenzar a practicar de nuevo, se rompió una pierna. Los doctores le dijeron que podría pensar en volver al deporte solo después de otros seis meses. ¡Sin embargo, para ese entonces ya estaría prácticamente terminando el colegio! A pesar de que esto le produjo una tremenda desilusión, él insistía: «Voy a correr de nuevo». ¿Cómo podía estar tan lleno de esperanza y tener tanta certeza? «Mi madre me regaló unas zapatillas de carreras nuevas para mi cumpleaños. Si ella cree que voy a volver a correr, es que voy a hacerlo».

Un padre destruyó cualquier Sueño que su hija pudiera haber tenido, otra madre afirmó el Sueño de su hijo. En mi libro *El Dador de Sueños*, enfatizo algunas verdades con relación a las personas y sus Sueños:

- Todo el mundo tiene un Sueño.

- No tienes que crear tu Sueño por ti mismo.

- El Sueño de toda persona es único e importante.

- Los Sueños existen para ser vividos.

¿No quieres atesorar estas verdades para tu hijo también? ¿Todavía te acuerdas del día en que nació tu hijo? Sencillamente sabías que Dios tenía un plan especial para esa personita. Yo le llamo a esto un sentido de que Dios edifica un Sueño para la Vida en cada uno de nosotros de modo que nos convirtamos en lo que estamos supuestos a ser.

No sé cómo te sientes hoy con respecto a tus hijos. Tal vez te emocionan sus logros deportivos o sus éxitos académicos. Quizás estás preocupado por sus malas amistades y los malos hábitos. Es posible que sientas que ya no conoces a tu hijo. Los años pueden haber nublado tus memorias de aquel primer momento en el cual lo sostuviste en tus brazos.

Bueno, hoy te desafío a que recuerdes:

- Este hijo también tiene un Sueño.

- No me corresponde a mí o a mi hijo **crear** un Sueño para él, porque nuestros Sueños provienen de Dios. No obstante, mi hijo debe **descubrir** su Sueño.

- El Sueño que el Dador de Sueños ha ubicado en el corazón de mi hijo es tan único como su huella digital.

- Mi hijo nació para vivir su Sueño.

Ahora hazte la pregunta: ¿Qué papel juego en los Sueños de mi hijo? ¿Soy la clase de padre que destruye los Sueños o soñamos juntos con el lugar que Dios ha destinado para ellos en su Gran Sueño para el mundo?

JOSÉ

Es seguro que José es el Soñador más conocido de la Biblia. Descubrió su sueño cuando era aún muy joven, pero solo fue después de muchos reveses que el mismo se cumplió. Y únicamente cuando su sueño llegó a ser realidad, José pudo entender a cabalidad lo que quería decir...

Imagínate a un reportero de periódico haciéndole una entrevista a José, el político y economista más exitoso de Egipto, el hombre que sin la ayuda de nadie evitó la hambruna en el país e inclusive en la región completa. El reportero tal vez le habría preguntado: «¿Cuál considera usted que es el secreto de su éxito?»

Me imagino a José respondiendo: «Bueno, vea, una vez tuve un Sueño; en realidad, he sido un Soñador desde que era un niño pequeño». Y después de haberlo pensado un poco, podría haber añadido: «En verdad toda esta historia comenzó *antes* de mi primer Sueño, el día en que mi padre me dio esa maravillosa túnica...»

Conocemos la historia completa como la Biblia nos la narra en Génesis 37—47. Al ser el primer hijo de Raquel, la esposa amada de Jacob, José era el hijo favorito de su padre. Sus medios hermanos, sin embargo, tenían muy poco tiempo para él (¿a quién le gusta el consentido de papá?). El hecho de contarle a su padre todo el mal comportamiento de ellos no ayudaba para nada (¿a quién le gusta un soplón?).

Esta no era una familia feliz. En efecto, en ella reinaban los celos y las discordias. No podemos justificar la forma injusta en que Jacob trataba a sus otros hijos, así como tampoco las irritantes historias de José. No obstante, esta también es la historia de un padre que amaba a su hijo y le dio una túnica finamente adornada. Dicha túnica colocó a José por encima de sus hermanos, indicando que él estaba llamado a ser un líder. Aun antes de que José tuviera un Sueño relacionado con ser líder, su padre reconoció esta cualidad. Casi da la impresión de que Jacob estaba preparando a José para perseguir su Sueño.

En este sentido, Jacob no se equivocó. Precisamente porque amaba tanto a José, tenía una noción del Sueño que su hijo estaba llamado a vivir. Esta fue la razón por la cual le regaló una Túnica de los Sueños: para prepararlo para el suyo. El gran error de Jacob fue no amar de la misma forma a sus otros hijos.

El amor y los sueños

Es muy común que las vidas de los niños cuyos Sueños son pasados por alto se vuelvan un caos. Una cosa es cierta: *Sin amor, los padres son incapaces de enseñarles a sus hijos cómo descubrir y vivir sus Sueños*. En lugar de ello, al menos una de las siguientes cosas podría ocurrir:

- Conoces los sueños de tus hijos, pero eres incapaz de hacer algo al respecto.

- Le haces sentir a tu hijo que es un fracasado si no tiene éxito para concretar sus Sueños.

- Ignoras los Sueños de tus hijos e incluso los destruyes.

- Fuerzas a tu hijo sin ninguna consideración para que haga realidad sus Sueños.

- Impones tus propios Sueños sobre tu hijo.

La mayoría de los padres responderían a esto diciendo: «¡Por supuesto que amo a mi hijo!» Sin embargo, la Biblia nos recuerda que necesitamos algo más allá del amor paternal natural: el amor debe complementarse con el conocimiento y la perspicacia profunda, de manera que estemos en capacidad de discernir qué es lo mejor (Filipenses 1:9-10). A veces la letra de aquella vieja canción también puede usarse para los padres: «Amamos no tan sabiamente…» El amor *sabio* es lo que necesita cualquier padre que tenga la intención de hacer de su hijo un Soñador.

La película *Claroscuro* cuenta la historia del pianista y concertista australiano David Helfgott, el cual era un niño prodigio. Por desdicha, creció en una familia disfuncional, lo que casi destruyó su Sueño de desarrollar una carrera internacional como músico. El papá de David, Peter, era un judío que perdió a casi toda su familia durante el terror nazi.

Aun cuando sobrevivió al holocausto, resultó lesionado emocionalmente en el proceso. Vivía paranoico por no querer perder a su familia una vez más, tal como cuando era niño. Él amaba a su esposa y a sus hijos, en especial al talentoso joven David, con un amor sincero pero distorsionado. Trató de unir a su familia gobernándola con puño de hierro. ¡Hasta su jardín estaba encerrado con alambre de púas y una puerta de la cual solo él tenía la llave!

La vida del sensible joven David se complicaba aun más por la obsesión de su padre de que ganara cada concurso, sin importar el costo emocional, mientras se rehusaba a darle permiso para participar en las competencias internacionales. Peter estaba tan determinado a controlar el Sueño de David que le negó con terquedad oportunidades maravillosas al prohibirle aceptar becas de estudio en los Estados Unidos y Londres.

A pesar de su amor por su hijo, Peter Helfgott no tenía la visión para darse cuenta de que su propio Sueño estaba sofocando el de su hijo. Cuando David se rebeló a los diecinueve años y decidió viajar a otro continente, su padre lo desheredó por completo. Debido a su niñez desmoralizadora, el rechazo de su padre y el esfuerzo emocional de intentar probarse como pianista, David terminó sufriendo una recaída completa. Los siguientes diez años los pasó quebrantado, yendo de una institución psiquiátrica a otra; su talento estaba dormido y su nombre había sido olvidado. David Helfgott nunca habría logrado brillar de nuevo e inspirar al mundo con su talento fenomenal sin el amor y el ánimo de una mujer excepcional, la cual aceptó el espíritu quebrantado así como la naturaleza excéntrica de David y lo ayudó a reconstruir su Sueño.

¿A qué se parece entonces el amor paternal? En primer lugar, el amor sabio está dispuesto a conocer, entender y amar a cada hijo como la persona única que es. Prepárate para *pasar momentos* con ellos en paz, sin hacerles sentir que deben hacer algo para impresionarte o que se están entrometiendo en tu valioso tiempo.

Me acuerdo de un pequeño chico que un día le preguntó a su padre, un hombre de negocios muy ocupado, cuánto dinero ganaba por hora. Cuando por fin el padre le prestó un momento de atención al niño, solo fue para responderle con irritación: «En realidad, ¿qué vas a entender tú de cosas como estas?» Cuando el chico insistió con timidez para obtener la respuesta, le dijo refunfuñando: «Digamos que cien dólares por hora».

Durante los días siguientes, el niño se ofreció a limpiar la piscina, cortar el césped y hacer toda clase de tareas para ahorrar dinero. Incluso cortó el césped de los vecinos y les lavó el auto. Comenzó también a repartir periódicos y una mañana, cuando iba de salida a su ronda de repartición, corrió hacia su padre, que también estaba despierto en la madrugada e iba de camino a su trabajo. El niño aprovechó la oportunidad para pedirle a su padre que esperara un minuto, quería traer algo importante de su habitación para mostrarle. Con impaciencia, el padre respondió: «¡Está bien, pero hazlo rápido! ¡Tengo mucha prisa!»

El niño regresó corriendo y apenas alcanzó al auto que ya estaba en movimiento. «Aquí hay cien dólares que hasta ahora conseguí, papi. ¿Puedo comprar una hora de tu tiempo esta noche?»

El amor sabio le transmitirá este mensaje a un niño: «Tú eres tan importante para mí que solo quiero pasar un rato a tu lado. Estar contigo es un placer. Por eso es que tengo tiempo para ti». El regalo más importante que todo padre puede darle a un hijo es *la oportunidad de descubrir que él es una fuente de alegría para los otros.*

Cuando amas de esta forma, también te das cuenta de cuán importante es *atender* a tu hijo. ¡No es una coincidencia en lo absoluto que las palabras *amor* y *atención* comiencen con la misma letra! De lo que más se quejan los hijos es de esto: «Mi mamá y mi papá no me atienden. A duras penas tengo la oportunidad de abrir la boca, siempre me están interrumpiendo. Actúan como si supieran qué me está pasando por la cabeza, ¡pero en realidad no tienen ni idea!» Si los atiendes con cuidado, comenzarás a oír el ritmo al que late el corazón de tu hijo. El Dador de Sueños te enseñará a escuchar, más allá de sus palabras, al Sueño detrás de todo parloteo.

Y un día tú también sabrás cómo ha de ser la Túnica de los Sueños que necesita tu hijo. Tan solo recuerda: *Todos* tus hijos necesitan una Túnica de los Sueños. Y cada hijo debe tener la suya propia, solo para él… un Viaje de los Sueños requiere más cuidado y atención que solo suponer una «talla única» para todos.

Sueña con tu hijo

Así que amas a tus hijos con toda la sabiduría que puedes reunir. Así que los escuchas y has obtenido un indicador de los Sueños que el Dador de Sueños ha entretejido en sus seres. Ahora estás listo para comenzar a soñar con ellos.

Sin embargo, es justo en este punto donde radica uno de nuestros más grandes problemas con los Sueños de nuestros hijos: nos hacen sentir inquietos. Al comienzo, Jacob estaba tan emocionado con el liderazgo potencial de José que le mandó a hacer una Túnica de los Sueños. Quizás, cuando José tuvo su primer Sueño acerca de ser un líder, Jacob dijo para sus adentros: «¡Helo ahí! ¡Sabía que lo tenía dentro de él!» No obstante, el segundo Sueño ya le pareció perturbador. En el primer Sueño, José vio solo las gavillas de sus hermanos inclinándose ante él. Pero en el segundo, daba la impresión de que Jacob tendría que arrodillarse ante su hijo. Esto era demasiado para el padre anciano: «¿Qué quieres decirnos con este sueño que has tenido? —le preguntó—. ¿Acaso tu madre, tus hermanos y yo vendremos a hacerte reverencias?» (Génesis 37:9-10).

¿Qué quieres decirnos con ese Sueño que tienes? Esta es la clase de reacción que, con mucha frecuencia, obtienen los niños de parte de sus padres y otros adultos, los cuales se muestran serios, incluso temerosos. Esta es nuestra forma de advertirles que tales Sueños pueden alterar el estatus quo. Sin embargo, se nos olvida que ser arriesgados y experimentar —también con nuestros Sueños— es parte de ser joven. Con certeza, José no entendía con claridad su Sueño; pero más adelante, en el tiempo de Dios, él descubriría lo que quería decir en realidad (véase Génesis 45:5).

A menudo nos acercamos a los Sueños de nuestros hijos con un toque de negatividad, pues creemos que estamos siendo realistas. Tal vez hemos visto algunos de nuestros Sueños reducidos a cenizas. Quizás les queremos ahorrar a nuestros hijos el dolor de ver desechos sus Sueños, o queremos ayudar a nuestras familias a evitar el estrés proveniente de aquellos mal comprendidos. El problema con tales pruebas de la realidad es este: Nos arriesgamos a despedazar los Sueños de nuestros hijos incluso antes de que hayan tenido la oportunidad de comenzar a soñar.

La conocida historia de Monty Roberts, el criador de caballos estadounidense, ilustra cómo los adultos —la mayoría de las veces con la mejor de las intenciones— corren el riesgo de despedazar los Sueños de sus hijos al ser «realistas».

Cuando era chico, Monty escribió un ensayo entusiasta sobre el Gran Sueño de tener su propia finca con caballerizas, describiendo de forma minuciosa cómo serían la casa, los establos y el circuito de entrenamiento.

Monty reprobó el ensayo con la peor calificación. Su profesor dijo que él no provenía de una familia rica, ¿o sí? ¿De dónde iba a sacar las cuantiosas sumas de dinero para este ambicioso proyecto? No, en lugar de eso, Monty debía escribir sobre algún objetivo realista, entonces el profesor reconsideraría su nota.

Afortunadamente, Monty no estaba dispuesto a permitirle a nadie aplastar su Sueño. Se dice que él respondió: «Profesor, quédese con su mala calificación, que yo me quedo con mi Sueño».

Hoy por hoy, Monty Roberts vive exactamente en la próspera clase de finca con caballerizas con la cual soñó cuando era niño.

Cuando tus hijos, al hacer modelos con la arcilla y el barro, construyen desde temprano un mundo de Sueños, lo mejor que puedes hacer es volverte un niño otra vez y unírteles. En ese momento una piedra se puede convertir en un carro y un par de palitos en un puente. Y mientras ellos crecen es vital continuar entrando en el mundo de sus Sueños al compartir sus fantasías. Jugando y soñando juntos, con seguridad vas a descubrir cómo se ajustan esos Sueños con el Sueño Grande del Dador de Sueños. Por el camino tus hijos descubrirán que hay algunos sueños que deben abandonar, pues de verdad no son realistas. Pero de la misma forma podrías descubrir que *tu* idea de lo que es realista debe cambiar para satisfacer el estándar de Dios en cuanto a lo que es posible.

Lo que resta de este libro está dedicado a analizar muchas de las formas en las cuales puedes soñar con tu hijo… y cómo descubrir la meta final de nuestros Sueños. Esta meta no es otra cosa que el Gran Propósito de Dios. ¡Él quiere cambiar el mundo y darnos Sueños para que cada uno de nosotros pueda desempeñar un papel único en esta gran transformación!

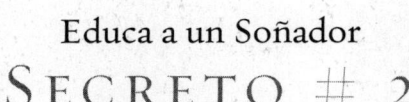

Educa a un Soñador
SECRETO # 2

> **OFRÉCELES** Sueños que traigan *significado* a sus vidas.

El secreto de una vida feliz es vivir para un sueño que sea más grande que tú.

MICHEL DE MONTAIGNE

~

Enséñales a tus hijos a no tenerle miedo a la vida. Si crees que la vida tiene significado, tus hijos los creerán también… y creerlo ayudará a que se haga realidad.

HENRY JAMES

~

Si puedes hacer algo, o soñar que lo harás, comienza.
Se necesita un poco de exceso de confianza para hacer
realidad nuestros sueños. Si crees que puedes hacer
algo, hazlo ahora. Y si ya lo estás haciendo bien,
intenta hacerlo mejor.

Ludwing Von Goethe

~

En la encrucijada del camino, escogí la ruta menos
transitada. Eso hizo toda la diferencia del mundo.

Robert Frost

Desde sus primeros años había alimentado un Sueño. Quería ser muy rico. «Cuando cumpla cuarenta años quiero retirarme y vivir la buena vida», dijo siempre. Y a los cuarenta su Sueño se hizo realidad. Se retiró a la costa. Sin embargo, a los pocos meses llegó a un punto crítico. Odiaba por completo su nueva vida. «El error que cometí», dijo después, «fue que tuve un Sueño demasiado grande y lo logré demasiado pronto. No quedaba nada para hacer que mi vida valiera la pena».

En realidad, no era ahí donde radicaba el error. El problema real era que no había soñado lo *suficiente* grande.

Lo malo de su Sueño es que era demasiado insignificante como para darle *significado* a su vida. Su verdadero Sueño, aquel que el Dador de Sueños tenía para él, era mucho más grande que retirarse a los cuarenta años.

No es suficiente soñar con que tus hijos sean felices en el instante. Procura Sueños que traigan sentido a sus vidas *a largo plazo*.

¿Funcionará cualquier Sueño?

Andrew Lloyd Webber y Tim Rice escribieron un musical acerca del José de la Biblia, la conocida obra: *Joseph and his Amazing Technicolor Dreamcoat* [José y su sorprendente túnica tecnicolor de los sueños]. Una de las canciones que causaron sensación de este musical fue *Any Dream Will Do* [Cualquier sueño servirá]. La canción dice así: Siempre que tengas un Sueño, no importa lo que este sea. Solo tener un Sueño, cualquier Sueño, es bueno de verdad.

No obstante, es evidente que eso no es lo que nos enseña la vida… ¡ni la Biblia! Cualquier Sueño *no* servirá. Hay ciertos Sueños que pueden destruir las vidas de las personas. Piensa en las horrorosas consecuencias del Sueño de Hitler de una raza alemana «pura». Hasta los Sueños entregados por el Dador de Sueños deben manejarse con responsabilidad. Sencillamente no podemos hacer lo que nos plazca con ellos.

Su nombre era Howard Hughes y el nombre de su Sueño era *Más*. Quería más dinero, así que invirtió su herencia y en pocos años la incrementó a mil millones de dólares. Quería más fama, así que se fue a Hollywood y se convirtió en cineasta y estrella. Quería más placer sensual, así que utilizó su fabulosa riqueza para comprar mujeres y toda forma de placer sensual que deseara. Quería más experiencia y emoción, así que diseñó, construyó y piloteó el avión más rápido de su época.

Podía soñar con cualquier cosa que el dinero pudiera comprar, y la obtenía. Estaba convencido de que *Más* lo haría feliz. Sin embargo, confundió el placer de *más para sí mismo* con la alegría de *mayor que uno mismo*. Su Sueño no era lo suficiente significativo como para brindarle sentido a su vida.

En sus años seniles, Hughes llegó a ser un recluso excéntrico, demacrado y despeinado, con los dientes dañados y las uñas de las manos largas y torcidas. Incontables señales de agujas sobre todo su cuerpo eran testigos de su adicción a las drogas. No obstante, hasta el momento de su muerte se aferró a su Sueño destructivo de que tener más posesiones le traería más plenitud.

Tal vez José también pensó al principio que él podía hacer lo que quisiera con sus Sueños. Cuando lo conocemos en Génesis, él es el narrador de historias mimado y preferido de su padre, y sin sentimiento alardeaba ante sus hermanos mayores. «¡Escuchen el Sueño que tuve! ¡Voy a ser más importante que ustedes! Todos ustedes van a venir a inclinarse ante mí». A partir de esto, sus hermanos llegaron a la siguiente conclusión «obvia»: No solo es el niño preferido de papá, sino que también Dios lo favorece por encima de nosotros.

Tu Sueño puede causar daño si lo confinas a tu pequeño mundo y a tu corazón egoísta, en lugar de esforzarte por descubrir qué quiere lograr el Dador de Sueños a través de ti con este Sueño.

¿Cuándo es muy grande tu sueño?

Casi todos los padres tienen Sueños para sus hijos. Puedes imaginarte a tu hijo parado en lo alto de un podio con una medalla de oro alrededor de su cuello, o a tu hija tocando el piano mientras cautiva a la audiencia. Podrías tener una visión de un hijo con un empleo importante, con la seguridad de un buen salario, seguro médico y fondo de pensiones. Podrías esperar que tu hijo encuentre el amor un día y disfrute de una vida feliz en familia.

Solo hay una cosa errada con esos Sueños: No son lo suficiente grandes como para *inspirar* a un niño. Tal vez dejen a tus hijos indiferentes por completo o los emocionen solo por un momento. *Son solo los Sueños que añaden sentido a sus vidas y las de los demás los que son «lo suficiente grandes» para ser verdaderos Sueños de Vida.*

Eso también es verdad para los Sueños concebidos directamente por tus hijos, como tener un carro deportivo o que llegue el momento en que el mundo entero los adore como «ídolos»… Si sueñan con esas cosas pero no las alcanzan, los jóvenes corren el riesgo de volverse personas amargadas. Incluso si esos Sueños se hacen realidad, son tan superficiales que tus hijos serán perseguidos por una sensación de vacío y una carencia de significado.

El peligro siempre presente de que un Sueño salga mal no está tan arraigado en el Sueño mismo, sino en la forma en que vivimos y entendemos nuestros Sueños. Por ejemplo, un hijo que sueña con llegar a ser un médico especialista podría ver eso como un Sueño relacionado con el estatus y el estilo de vida. Yo le llamo a esto un Sueño Pequeño: uno que tiene que ver solo con uno mismo y nuestros deseos personales. Incluso si este Sueño se realiza, no traerá verdadera satisfacción. Sin embargo, ¿qué pasaría si este hijo pudiera *entender* su Sueño de una forma diferente: como el Sueño de lograr la sanidad, alcanzar a las personas y producir un cambio en un mundo quebrantado? En ese caso llega a ser una parte del Gran Sueño del Dador de Sueños para toda la creación.

Hace poco leí la historia de un niño de nueve años en los Estados Unidos que junto a su familia fue tras un Sueño que le brindaría un sentido especial a su vida joven... y a la de muchísimos más niños.[1]

Mackenzie Snyder creció en una familia donde el amor y la bondad eran la norma. Solo estaba en segundo grado cuando sus padres los animaron a él y a sus dos hermanos a participar en una competencia internacional de escritura sobre el tema «Sueño con hacer del mundo un mejor lugar para vivir». Llegaron a las finales y viajaron con sus padres hasta París para representar a los Estados Unidos en una conferencia mundial para niños. Allá Mackenzie conoció a dos chicos que vivían en un hogar para niños. Ellos le contaron cómo era ser sacados de sus casas y llevados a un lugar seguro porque sus padres no tenían forma de cuidarlos.

«Cuando los trabajadores sociales vienen por ti», le contaron los dos niños, «no solo te separan de tus padres y hermanos, sino que pierdes a tus amigos y casi todos los juguetes y la ropa que tenías». Lo que más conmovió el

---

[1]. Un recuento de la historia de Jack Canfield y Mark Victor Hansen 2003, *Chicken Soup for the Soul: Living your Dreams* [Sopa de pollo para el alma: Viviendo tus sueños], Health Communications. Página de Internet: http://www.chickensoup.com.

corazón de Mackenzie era el hecho de que a los niños solo se les entregaba una bolsa de basura negra para empacar una que otra pertenencia, y eso era todo lo que se les permitía llevar. También utilizaban una bolsa negra cuando los ubicaban en familias que los acogían de modo temporal durante los días festivos.

Los padres de Mackenzie estaban tan molestos como él cuando escucharon eso. «Las bolsas de basura son para los desperdicios, no para que los niños las utilicen como maletas de viaje. Eso podría hacer que los niños perdieran el respeto por sí mismos», dijo su padre. En ese lugar y en ese preciso momento, Mackenzie descubrió un Sueño puesto por el Dador de Sueños en su corazón… y sus padres lo animaron a hacerlo realidad.

De regreso a los Estados Unidos, Mackenzie comenzó a buscar mochilas de segunda mano en las ventas de garaje con la ayuda de su madre. En casi toda oportunidad, cuando explicaba que quería enviarlas a las organizaciones benéficas que ubicaban a los niños en hogares adoptivos y asilos, la gente le permitía llevárselas gratis. Después de un tiempo, Mackenzie se dio cuenta de que los niños que iban a ser enviados a lugares extraños seguramente le darían la bienvenida a un muñeco de felpa para que los ayudara a tener buen ánimo y los consolara. Así que comenzó a buscar muñecos de peluche para poner uno en cada mochila que enviaba. Cada morral contenía también una nota personal suya. Cuando estaba en tercer grado, su familia y él, junto con la agencia de beneficencia local, organizaron el evento «Traiga una mochila para un niño de un asilo». Esto llamó la atención de la prensa y el sueño de Mackenzie despegó hasta lo alto.

En aquellos días, varias iglesias, empresas y colegios patrocinaron a Mackenzie. Se han enviado miles de mochilas con la ayuda de sus padres, hermanos y una gran cantidad de voluntarios. Su proyecto se llama «Niños por los Niños» y su Sueño es enviar una mochila a cada uno de los quinientos treinta mil jovencitos que viven en hogares tutelares en los Estados Unidos.

El pequeño Mackenzie ha dispersado hasta los rincones más lejanos de la tierra el oro en polvo de su Sueño. Con nueve años, es un niño feliz, pleno y enfocado.

Muchas personas llevan vidas vacías y frustradas porque están intentando confinar un Gran Sueño dentro de los límites de su propio egoísmo, convirtiéndolo así en un Sueño Pequeño. Si tú como padre estás satisfecho con los Sueños Pequeños de tu hijo, en realidad lo estás condicionando a no esperar con el tiempo mucho de él… ni de la vida.

Los entrenadores de pulgas explotan esta misma verdad al introducirlas en una botella tapada. Al inicio las pulgas saltan tan alto como sea posible para intentar salir… y se golpean con la tapa en cada intento. Entonces la pulga es condicionada con rapidez a limitar la altura de sus saltos por debajo de la tapa para no hacerse daño. Tan pronto como eso sucede, si el entrenador remueve la tapa, la pulga ya no se saldrá de la botella. El reflejo de saltar todavía está ahí, pero la pulga nunca saltará lo suficiente alto como para escapar. Aun cuando la tapa ya no esté ahí, la pulga cree que sí lo está…

¿Quieres que tu hijo se satisfaga con un Sueño Pequeño?

El Sueño del Dador de Sueños

En realidad, los Sueños de José no eran sino indicios. Comenzaron a describir a José como líder, pero no revelaban nada acerca del *propósito* de su liderazgo. José terminó de entender este propósito solo cuando, después de considerables dificultades, su Sueño se cumplió. Solo en ese momento él percibió que Dios lo había enviado adelante «para salvar vidas» (Génesis 45:5). Nunca se trató de que Dios lo estuviera favoreciendo, colocándolo por encima de sus hermanos. No, Dios quería demostrar su amor hacia todos ellos a través de José. El Sueño de Dios era vencer la hambruna, salvando de este modo al pueblo de la extinción y presentándoles al amoroso Dios de José.

Tu Sueño es como una pieza del rompecabezas que el Dador de Sueños está armando. Si la misma se mira de forma aislada, la mayoría de las veces no tendrá sentido. Es solo el hecho de ver el cuadro completo y cómo tu pieza encaja en él lo que te ayudará a entender de qué se trata tu pieza. De manera similar, como padre, tienes que ver que el Dador de Sueños sueña con sanar a la humanidad y a la creación antes de que estés en capacidad de determinar cómo han de ajustarse tus Sueños y los de tus hijos en el cuadro completo.

La manera en que el Dador de Sueños obra la restauración con frecuencia es mediante el uso de cosas que al parecer son poco importantes o pasan desapercibidas, cosas que el mundo ignora o desprecia, para cumplir sus sueños. Es típico del Dador de Sueños lograr Cosas Grandes a partir de Hechos Pequeños de obediencia de personas comunes y corriente, en cuyos corazones él ha depositado un Gran Sueño.

Conozco a un hombre que logró un gran impacto en su lugar de trabajo al vivir el mandamiento de Dios de ser caritativo.[2] Su nombre era Juez La Guardia, de Nueva

---

2. Hughes, R. Kent, *1001 Great Stories and Quotes* [Mil y una historias y citas grandiosas], Tyndale, IL., 1998, p. 17.

York. Una anécdota cuenta que un día compareció ante él un hombre en extremo pobre, acusado de haberse robado dos hogazas de pan y una carne procesada en un supermercado. Se defendió diciendo que estaba sin trabajo y no tenía comida para alimentar a su familia. Lo intentó, pero no pudo encontrar ayuda alguna en ninguna parte.

«Bueno, no tengo más opción que sentenciarlo», le dijo el juez. «Usted quebrantó la ley y ella no permite excepciones. Por lo tanto, le impongo una fianza de veinte dólares». El hombre abrió ampliamente los ojos y quedó sobresaltado. No tenía dinero, y la única alternativa era una sentencia en la cárcel. Entonces el Juez La Guardia metió su mano en el bolsillo y añadió: «Y aquí está el dinero para pagar la fianza. Además, ordeno que todos en esta corte paguen una multa de dos dólares por vivir en una ciudad donde los hombres sin trabajo tienen que robar para comer».

Depositó otros veinte dólares en su vaso de cristal vacío y se lo dio al alguacil para que lo pasara por toda la corte. El hombre salió con un manojo de billetes en su mano y la luz del cielo brillando en sus ojos.

Las zonas de confort son peligrosas

En mi libro *El Dador de Sueños* afirmo que, si siempre queremos estar cómodos, nunca seremos capaces de vivir nuestros Sueños. Por lo tanto, enseña a tus hijos a cruzar los Límites de las Zonas de Confort cuando sus Sueños así lo requieran... lo cual, de modo usual, se traduce en abrirse paso a través del Muro del Miedo.

Recuerda dónde comenzó a salir mal el Sueño de José. Su padre y sus hermanos (y al parecer, él tenía el mismo grado de culpa) nunca intentaron averiguar de verdad cuál era el propósito del Dador de Sueños con estos Sueños, estos indicadores del futuro de José como líder. Sus hermanos se sentían amenazados en sus Zonas de Confort por los Sueños de su hermano menor. La forma conocida de hacer las cosas era que los hermanos mayores estuvieran a cargo y los hermanos menores fueran subordinados. Esto era lo que hacía sentir cómodos a los hermanos de José.

Incluso Jacob se molestó cuando su hijo favorito desafió su posición de autoridad como cabeza de la familia. El segundo Sueño de José sacudió la Zona de Confort de Jacob. Aun después de haber reprendido a José, Jacob y sus otros hijos no se sentían tranquilos: «Sus hermanos le tenían envidia, pero su padre meditaba en todo esto» (Génesis

37:10-11). Sin embargo, los pensamientos de los hermanos se convirtieron en acciones. Reaccionaron de forma agresiva, pues se sentían amenazados. Poco después, cuando no había nadie protegiendo a José en los campos, dijeron: «Ahí viene ese soñador. Ahora sí que le llegó la hora. Vamos a matarlo y echarlo en una de estas cisternas, y diremos que lo devoró un animal salvaje. ¡Y a ver en qué terminan sus sueños!» (Génesis 37:19-20).

Nos sentimos como en casa cuando estamos en nuestras Zonas de Confort, pero vivir un Gran Sueño nos pide movernos hacia terrenos que no nos son familiares. Esto nos hace sentir inseguros y como si no estuviéramos a salvo… y a nadie le gusta eso. De manera que abandonamos nuestro Diario de los Sueños y regresamos a lo que nos parece conocido y confortable. No obstante, cada vez que hacemos eso, se nos hace más difícil dejar la Zona de Confort y vivir el Sueño. Es ahí cuando comenzamos a limitar a nuestros hijos y a nosotros mismos a los Sueños Pequeños, los que no pueden darle un sentido real a la vida.

El filósofo danés Søren Kierkegaard ilustra de forma llamativa el peligro de las Zonas de Confort en su parábola de los gansos domésticos y los gansos salvajes.[3]

---

3. Hughes, R. Kent, *1001 Great Stories and Quotes* [Mil y una historias y citas grandiosas], Tyndale, IL., 1998, p. 63.

Hubo un año, en primavera, cuando un ganso salvaje voló con su bandada para cruzar Europa hacia el norte. En su largo vuelo, descendieron a las planicies danesas para tomar un pequeño descanso junto a un granero donde vivían varios gansos domésticos. Este ganso salvaje en particular disfrutaba de la comodidad de tener maíz jugoso en abundancia, así como de la protección del granero contra los vientos fuertes. Cuando sus amigos reanudaron el vuelo otra vez, él decidió quedarse solo una hora más. La hora se convirtió en un día, una semana, un mes... con el tiempo, la buena comida y la seguridad del granero le hicieron tomar la decisión de quedarse todo el verano.

En el otoño, la bandada de los gansos salvajes voladores pasó de nuevo en su viaje hacia el sur. Cuando el ganso en tierra oyó sus graznidos, brotaron en él los casi olvidados sentimientos de alegría y emoción. Con un gran batir de alas el ganso salvaje despegó con la intención de unirse a sus amigos en vuelo libre. Pero el maíz lo había engordado... no pudo llegar más allá del techo del granero. Así que el ganso se consoló diciendo para sí: «Volar será maravilloso, y la vida en tierra podrá ser muy aburrida, pero aquí es seguro y la comida es buena».

De ahí en adelante, cuando llegaban el otoño y la primavera y se oía el graznido de los gansos salvajes en vuelo, sus ojos comenzaban a parpadear y sus alas comenzaban a batirse de forma involuntaria. Vagamente, como si fuese un sueño hace tiempo olvidado, recordaba otra vez cuán maravilloso se sentía aletear en lo alto del cielo…

Con el tiempo, llegó el día en que podía oír el llamado de los gansos salvajes sin poner el menor atisbo de atención. Cuando llegó el invierno ese año, el cocinero fue en busca de un ganso gordo, y el ganso salvaje domesticado resultó siendo la comida de Navidad en la mesa del granjero.

No permitas que tus hijos se conviertan en gansos salvajes domesticados en sus Zonas de Confort. ¡Ellos fueron hechos para volar!

Abriéndose paso a través del Muro del Miedo

Experimentar un deseo abrumador de proteger del mundo a ese pequeño e indefenso bebé cuando lo sostienes por primera vez en tus brazos no representa ningún problema y, entre otras cosas, así es como debe ser. El problema es que, en la mente de algunos padres, sus hijos nunca salen de la etapa de los pañales. Los sobreprotegen, tratan de hacerlos sentir seguros. Crean Zonas de Confort para sus hijos y transmiten este mensaje: «Quédense aquí, en su agradable Zona de Confort. Mami y Papi se ocuparán de volar alto en el inmenso mundo de allá afuera». El Muro del Miedo que limita a nuestros hijos en muchos de los casos es obra nuestra.

De modo usual somos nosotros los que les entregamos a nuestros hijos las tijeras del egoísmo con las cuales cortan sus Sueños y los convierten en Sueños Pequeños. «Solo quiero lo mejor para mi hijo», es el decir de muchos padres. Sin embargo, ¿son la comodidad, la seguridad y los Sueños Pequeños «lo mejor» para ellos? ¿Qué deben hacer entonces los padres? He aquí algunas cosas básicas:

Cuando sueñes con tus hijos, ten siempre en mente el Gran Sueño del Dador de Sueños. Habla con ellos acerca de cómo se conectan sus Sueños con los de Dios.

Conoce las Zonas de Confort de tus hijos y los Muros del Miedo. No los presiones hasta sus límites solo por la diversión de hacerlo. Permanece con ellos cuando necesiten ayuda para escapar de sus Zonas de Confort y atravesar el Muro del Miedo. Aliéntalos y aplaude cada esfuerzo que ellos hagan para salir por su propia cuenta.

Desecha la noción de que debes satisfacer todas las necesidades de tus hijos o necesitas protegerlos de cada dificultad. Para llegar a ser adultos emotivos, los hijos deben aprender que también hay otras personas en el mundo y que la vida va más allá de sus propias necesidades. Evita ser esa clase de padre que trata a sus hijos ya crecidos como si fueran bebés: solo necesitan gritar para obtener justo lo que quieren.

Observa con cuidado cómo estás ejerciendo la paternidad. Podrías estar asfixiando a tu hijo en una relajante Zona de Confort.

Ofréceles a tus hijos la seguridad genuina de tu amor, liberándolos con ello de la necesidad de una falsa seguridad. Para que los hijos sean capaces de enfrentar el Muro del Miedo deben saber que los entiendes, los aceptas y te preocupas por ellos. Con frecuencia a los niños les da miedo aprovechar una oportunidad porque no están seguros de sí mismos al no tener la seguridad del amor incondicional de sus padres.

Crea un oasis donde tus hijos puedan renovar sus fuerzas. Es usual que los jóvenes que luchan por salir de su Zona de Confort terminen agotados y desmotivados. Sé sensible a estas cosas; provee momentos de descanso en los que puedas inspirarlos a continuar soñando.

Educa a un Soñador
SECRETO # 3

> Ñequea, esfuérzate en todas las esferas de la vida en las que *son buenos* o con las que se *emocionan,* las cuales constituyen indicadores claros de los Sueños hechos a la medida que Dios puso en sus corazones.

Las personas que al parecer tuvieron la «suerte» suficiente para alcanzar grandes logros, de manera usual te dirán que la «suerte» tuvo poco que ver. El asunto se relaciona más con haber tenido un interés natural en una dirección particular; a partir de ello el sueño comenzó a tomar forma y esas personas comenzaron a trabajar con pasión y entusiasmo para

*concretar su sueño. La única «suerte» involucrada
fue haber conocido a alguien que
tuviera fe en su visión.*

Alan Lloyd McGinnis

~

La REINA VICTORIA *dijo del primer ministro británico
William Gladstone: «Cuando estaba con él, me sentía
en la compañía de uno de los más grandes líderes del
mundo». No obstante, del ministro Benjamin Disraeli
comentó: «Cuando estaba con él, me sentía como si
yo fuera una de las más grandes líderes del mundo.
Como consecuencia su período frente al ministerio fue
el mejor momento de todo mi reinado».*

Nació con síndrome de Down. Te das cuenta de esto desde la primera vez que la vez. Sin embargo, eso a ella no le importa en lo absoluto. Es una persona alegre, anda en su bicicleta haciendo pequeñas diligencias para su mamá. Gana algo de dinero entregando periódicos. Es miembro activo del grupo de estudio de la Biblia en la iglesia y está en el grupo de preescolar en la Escuela Dominical.

Cuando a su madre le preguntan cómo ha hecho para criar a una hija tan segura, ella responde: «Me concentro en lo que puede hacer en lugar de preocuparme por lo que no puede hacer. Siempre he intentado recordar que ella también es una persona con talento, alguien con aptitudes dadas por Dios que pueden ser desarrolladas».

Todo hijo tiene al menos un talento e interés. Tales talentos constituyen indicios importantes para los padres mientras intentan determinar cuál es el Sueño que el Dador de Sueños ha entretejido en ese pequeño ser. Tu tarea es enseñarles a considerar que sus dones únicos son herramientas para descubrir y alcanzar sus Sueños.

«TODO LO QUE ÉL [JOSÉ] HACÍA...»

Continuando con nuestra historia (Génesis 37—47), los hermanos de José decidieron quitarse de encima el problema de «ese soñador». Como consecuencia, José terminó en una cisterna, luego como esclavo en Egipto y por último en la cárcel... este no es un camino agradable para seguir y es más que suficiente para hacer que alguien pierda la fe en sus Sueños. Sin embargo, una y otra vez José llegaba a la cima. Habiendo sido vendido como esclavo, fue puesto a cargo de toda la casa del capitán de la guardia del faraón. Cuando fue enviado a la cárcel por la única razón de serle fiel a su amo, fue puesto a cargo de todos los prisioneros. Jacob, por supuesto, estaba en lo cierto al ver en José a un líder natural. No importaba dónde terminara, siempre llegaba a ser el líder.

En Génesis 39:2 nos encontramos con la razón más importante para explicar su éxito: «El Señor estaba con José». El Dador de Sueños nunca abandonó a José a su suerte, ni en la cisterna ni cuando se convirtió en esclavo, ni siquiera en la prisión.

No obstante, hay una segunda razón para su éxito, una que fluye de la primera: Dos veces leemos todo lo que José *hacía* (Génesis 39:3,23). José no solo era un Soñador, él utilizó sus talentos y trabajaba para alcanzar el éxito, aun cuando se encontrara en las circunstancias más adversas. José perseguía su Sueño de manera activa.

Alan Lloyd McGinnis, escritor de numerosos libros exitosos sobre la motivación, dice: «No tenemos control sobre lo que nos depara la vida; pero al usar nuestra mente, nuestra fuerza de voluntad y nuestra fe, podemos determinar cómo jugamos hasta las peores cartas».

La presencia de Dios en nuestra vida no nos permite sentarnos en la parte de atrás para verlo hacer todo. Dios nos insta a trabajar porque quiere vernos desarrollar los dones que nos dio hasta su máximo potencial.

Pienso que Dios desea que los padres desempeñen un papel similar en la vida de sus hijos. No debemos intentar hacerles todo a nuestros hijos. En lugar de eso, deberíamos permitirles la libertad de descubrir qué pueden hacer por sí mismos y de desarrollar la confianza en ellos para que persigan sus Sueños de forma activa.

Una advertencia importante

Podría haber sido bueno que a todos los padres, en el momento del nacimiento de sus hijos, se les entregara una advertencia escrita del tipo: «Manipule con cuidado a este precioso niño, respetando sus dones únicos y también sus limitaciones». Con mucha frecuencia los padres llegan a frustrarse tanto con las limitaciones de sus hijos que se olvidan de sus dones. Tal actitud provoca que el niño piense: «Para lograr la aprobación de mi mamá y mi papá no puedo ser yo mismo». Si de forma continua, incluso sin hacerlo con palabras, estás repitiéndole el mensaje: «Ojalá fueras diferente, ojalá te parecieras más a…», lo que en realidad estás logrando es atravesarte en el camino que lleva al descubrimiento de sus Sueños.

Como ya hemos visto, Jacob estaba en lo correcto cuando le entregó a José la Túnica de los Sueños. Como amaba tanto a su hijo, pudo discernir en él su talento natural para el liderazgo. De esta forma también hizo que José fuera conciente de su don especial.

Tal vez Jacob lo hizo porque sabía, debido a su amarga experiencia, cuán doloroso era que los padres desearan que sus hijos fueran diferentes. En su juventud, Jacob tuvo que hacerse pasar por su hermano Esaú para recibir la bendición de su padre. Él tuvo que vestirse como Esaú, oler como Esaú e incluso hacer que sus brazos parecieran velludos, pues de otra forma su padre nunca lo hubiera bendecido (véase Génesis 27).

Solo años después, cuando Jacob luchó con Dios en el vado del río Jaboc, recibió una bendición por sus propios méritos. El Dador de Sueños te bendice a ti y a cada uno de tus hijos de forma individual, justo como eres y tal como ellos son. Sin embargo, los padres repiten constantemente el error de Isaac. Esperan que los hijos vivan a la altura de las expectativas de sus padres antes de considerarlos «lo suficiente buenos».

Por desdicha, Jacob solo aprendió la mitad de la lección. Él bendijo en verdad a José con la Túnica de los Sueños permitiéndole ser él mismo, pero se rehusó a hacer lo mismo con sus otros hijos...

Una que otra vez he conocido a personas que se sienten frustradas porque saben que desempeñan una profesión equivocada. Ellas confiesan: «En realidad yo quería ser profesor, pero mi papá dijo que los profesores ganaban muy poco dinero. Por encima de todo, él quería que yo siguiera sus pasos. Tuve que convertirme en abogado…» O «Todo lo que siempre quise fue hacer arreglos florales, pero papá dijo: "¡Sobre mi cadáver! ¡Ese no es un trabajo para hombres!"»

Me acuerdo de la excelente película *Billy Elliot*. Este chico de once años, hijo de un viudo pobre de un pequeño pueblo minero de Inglaterra, tenía un Sueño «diferente». Su padre y su hermano mayor estaban participando en una huelga para obtener un salario digno, pero economizaban y ahorraban de manera que Billy pudiera tener lecciones de boxeo porque, según ellos creían, eso era «cosa de hombres». Una tarde, cuando iba de camino al club de boxeo, Billy pasó por un salón en el mismo edificio donde impartían una clase de ballet.
Para su gran sorpresa, sin estarlo buscando un Sueño nació en él.

Algo lo cautivó en la música y los movimientos. Teniendo un buen ojo para distinguir el talento, la profesora de ballet notó que el muchacho que todos los días iba a mirar se estaba moviendo con mucha gracia y espontaneidad al ritmo de la música. Ella persuadió a Billy para que cambiara sus guantes de boxeo por las zapatillas de ballet. Mientras tanto, su padre y su hermano habían perdido todo el dinero por participar en la huelga. Cuando se dieron cuenta de que los ahorros obtenidos con tanto esfuerzo no se estaban usando para boxear, sino para ese afeminado asunto del ballet, explotaron de ira, ridiculizando a Billy y prohibiéndole continuar en la danza.

Frustrado por completo ante la incapacidad de su familia para entender su Sueño, Billy encontró solaz en una brillante secuencia de baile ejecutada sobre el tejado de un edificio cercano. Por fortuna su padre lo vio y fue vencido por la culpa, dándose cuenta de que había juzgado mal el talento inequívoco de su hijo y lo había ridiculizado con severidad. Felizmente, todavía no era tarde para arreglar las cosas, y con el inesperado apoyo de sus amigos mineros, el padre de Billy reunió el dinero para llevar a su hijo a una audición en la escuela de ballet de Londres...

Quince años después, el padre de Billy y su severo hermano formaban parte de la audiencia mientras la cortina se abrió para dar inicio a una presentación de ballet en el West End de Londres... con Billy en el papel principal.

No eches por tierra con terquedad los *talentos* únicos de tus hijos. Respeta también sus *limitaciones*, porque Dios es el único que no las tiene. Más bien, ayúdalos a descubrir sus dones e intereses particulares, incluso si son diferentes por completo a lo que tú habrías preferido. El Dador de Sueños los creó para un Sueño... un Sueño que tú no diseñaste pero que sí puedes explorar junto con ellos.

El amor paterno implica la capacidad de celebrar la individualidad de tu hijo.

Descubriendo los dones

Los padres pueden ayudar a que sus hijos descubran sus dones de dos formas. Una forma es *presionándolos*: «¡Hijo, no te puedes perder esto!» «¡Hija mía, estoy segura de que te va a encantar hacer o experimentar eso!» Esta medida puede causar problemas de fondo. Los hijos pueden fingir emoción con el solo propósito de agradar a sus padres. Sin embargo, van a perder el interés tan pronto como sus padres dejen de presionarlos, porque su motivación provino de afuera… no surgió de ningún talento o interés personal.

Una mejor forma de ayudar a tus hijos es *descubriendo junto con ellos y el Dador de Sueños* la dirección en la cual apuntan sus talentos. Las palabras «el Señor estaba con José» nos recuerdan que el Dador de Sueños siempre está a nuestro lado, ofreciendo su ayuda y oportunidades para alcanzar el éxito, así como permitiendo el fracaso… y en el proceso llegan a ser evidentes todos los dones del Soñador y nos damos cuenta por nosotros mismos de hacia dónde están enfocados nuestros intereses. Intenta ser ese Edificador de Sueños para tus hijos, guíalos en el viaje para descubrir sus dones e intereses; así ellos encontrarán su propia motivación para intentar hacer las cosas… y tener éxito.

Hay varias cosas que los padres pueden hacer para ayudar a sus hijos en esta emocionante búsqueda:

Juega con ellos desde su niñez temprana, pero permite que el niño lidere el juego. Cuando observes sus patrones de juego, vas a descubrir con rapidez qué los emociona y qué los aburre. De igual forma, hojea algunos libros con ellos para ver qué llama su atención y qué les quita la emoción. Haciéndolo de esta forma, aun cuando ellos sean pequeños, podrás descubrir algunas de sus inclinaciones naturales.

Cultiva el interés por las cosas que fascinan a tus hijos. Mientras vayan creciendo, podrás ver cuáles son sus intereses reales. Por ejemplo, compran una guitarra, pero al mes está en una esquina llenándose de polvo. Otros intereses duran más, estableciendo un patrón permanente. Anima a tus hijos en estos últimos permitiendo que la emoción de ellos te contagie. De esta forma, puedes ayudar a que un Sueño vago crezca hasta tomar la forma de Algo Grande.

Permítele a tu hijo la libertad de expresar sus puntos fuertes. Todo niño necesita experimentar el éxito. Cuando los niños disfrutan victorias pequeñas, incluso en áreas que te pueden parecer triviales, si los exaltas y animas vas a promover su confianza en sí mismos, y eso puede extenderse a otras áreas de sus vidas. No obstante, si bombardeas de continuo a tus hijos con críticas acerca de sus puntos débiles, ellos van a experimentar una sensación de fracaso que con el tiempo también puede destruir sus talentos e intereses. El doctor James Dobson, psicólogo infantil y escritor muy conocido, es muy incisivo en cuanto a la responsabilidad que tienen los padres de animar a sus hijos para que intenten sobresalir al menos en un área.

Dobson cuenta que en la primaria era un pequeño chico poco sobresaliente cuyos brazos y piernas se asemejaban a las ramas de un árbol, y como era «tan tímido, quería morir si alguien lo miraba mucho». Sin embargo, un día su padre lo vio golpeando una pelota de tenis con gran precisión en el muro de su patio trasero. Así que comenzó a llevar a James cada sábado a las canchas de tenis, donde pasaba horas con él haciéndolo golpear cientos de bolas por encima de la malla. «Estoy agradecido en extremo con mi padre», escribió Dobson en uno de sus libros de Enfoque a la Familia, «por ver el talento en mí y hacerme practicar. Desde ese momento había una cosa que me hacía sentir bien conmigo mismo: podría haber sido flaco y tímido, pero ahora era el mejor jugador de tenis del sexto grado».

Si los niños no son buenos académicamente, los padres pueden ayudarles a descubrir un interés o una aptitud para toda la vida en otro campo, como la música u otra forma de arte, un deporte o el servicio comunitario.

Ayuda a tus hijos a ver la conexión entre sus talentos e intereses y sus Sueños. Puedes decir cosas como: «Me da la impresión de que a los otros niños les gusta contarte sus problemas. ¿No te gustaría tal vez estudiar psicología?» O «He notado que de verdad disfrutas los libros de animales. ¿Has pensado en convertirte en veterinario?»

El famoso director de cine Steven Spielberg (*ET*, *Jurassic Park*, *La lista de Schindler*) era un deportista sin esperanza alguna en el colegio, y sus compañeros se burlaban de él a menudo. Su madre había notado una fascinación temprana por la fotografía, así como que el muchacho había sido bendecido con una imaginación poderosa. Ella creía que había un Sueño no descubierto aún, pero muy especial, oculto dentro de él. Así que le compró una cámara pequeña y lo animó no solo a tomar fotos, sino a tejer historias con esas fotografías. Rápidamente se hizo evidente que el joven Steven tenía una aptitud natural en esta dirección, y su madre edificó el Sueño escondido al hacer una algarabía ante los esfuerzos de su hijo. «Solíamos salir por el desierto durante días de manera que él pudiera tomar fotos, incontables fotos», recapitula ella. «A los dos nos parecía divertido, y él se emocionaba con ello.

»Entonces un día le compramos una cámara de video...»

Los niños a los que se les ha enseñado que ni siquiera sus dones «más pequeños» cayeron de la nada en sus regazos, sino que son parte de un cuadro mayor, aprenden con rapidez a ver en ellos a personas habilidosas que son capaces de alcanzar el éxito en lo que emprenden.

¡CUENTA TUS PALABRAS!

«Cuenta tus palabras, porque cada palabra que dices cuenta». Leí estas palabras inolvidables en *Mrs Phillips, You Were Wrong!* [¡Señora Phillips, estaba equivocada!], el conocido libro de Peter J. Daniels. Su profesora de séptimo grado, del mismo nombre, siempre le decía: «Eres la manzana podrida en la canasta. Tu estupidez está corrompiendo a toda la clase. Nunca llegarás a ser nada». Peter le creyó y se retiró del colegio, sin aprender a leer ni a escribir de manera apropiada.

Y su vida hubiera podido ser un completo fracaso de no haber sido porque su padre se resistió a darlo todo por perdido con él. Con el paso de los años, restauró la autoestima de su hijo por medio de una dedicada atención y palabras de aliento, generando oportunidades para que Peter sintiera que él también podía hacer algo bien. Con el tiempo, la actitud positiva de su padre eliminó el daño que la profesora le había hecho y a la larga llegó a ser un exitoso hombre de negocios. Con todo, nunca se le olvidaron las palabras de la señora Phillips, como es obvio a partir del título de su libro.

Nuestras palabras —a menudo esas mismas palabras que decimos sin pensar— pueden edificar o destruir a nuestros hijos. Con tan solo unas pocas palabras puedes reforzar la imagen que tus hijos tienen de sí mismos como personas talentosas y equipadas por completo para vivir sus Sueños… o puedes deshacer su espíritu. En *Teenage Boys* [Chicos adolescentes], Bill Beausay proporciona la siguiente lista de «Destructores de Sueños» y de «Edificadores de Sueños». ¿Cuál lista se asemeja a la forma en la que les hablas a tus hijos?

MÁS QUE PALABRAS

No obstante, el ánimo no debe quedarse solo en las palabras. Muchos abrazos y el disponer de un tiempo adicional para disfrutar cosas con tu hijo pueden hacer maravillas. Es importante que tus hijos sepan que no esperas hazañas sobrehumanas de su parte. Cuando dices creer que en alguna parte oculta dentro de ellos hay un Sueño que espera ser despertado, deben entender que te refieres a sus

Destructores de sueños	Edificadores de sueños
¿Por qué?	¿Por qué no?
No va a funcionar.	¡Podría funcionar!
Esa no es la forma en la que hacemos las cosas.	Podemos comenzar a hacer las cosas de otra forma.
Es imposible.	¡Podría ser posible!
Eso es estúpido.	¡Vaya, eso de verdad suena interesante!
Solo eres un Soñador…	¡Eres un genio!
Eres poco realista.	¡Sencillamente, me encantan tus Grandes Sueños!
¡Qué cosa tan absurda!	En realidad no entiendo.
Es una idea muy tonta, de verdad.	¡Qué idea tan estupenda!
Te tomará toda la vida.	¿Cuándo podemos comenzar a trabajar en ello?
Está muy lejano.	Está más cerca de lo que tú crees.
No tenemos todo ese dinero.	Tal vez podamos encontrarte un patrocinador.
La vida ha destruido mis Sueños.	Me hace recordar cosas en mi vida y quiero ayudarte, mantén vivos *tus* Sueños.

talentos e intereses naturales, y que tu única intención es que los expresen a cabalidad. El mensaje a comunicar de tu parte no es: «¡*Debes* convertirte en esto o aquello!» Es algo más del tipo: «Solo sé quien eres, porque en tu unicidad está el Sueño precioso que el Dador de Sueños ha puesto en tu corazón».

Celebra a tu hijo

Vivimos en una era en que se celebra a las celebridades. A los niños comunes se les puede con facilidad hacer sentir opacos y faltos de color comparados con las criaturas glamorosas que llenan nuestras revistas y las pantallas de nuestro televisores. Por lo tanto, enseña a tus hijos a pensar de sí mismos, con sus talentos e intereses únicos, en términos de «celebridades» *naturales*, celebrándolos por quienes ellos son.

Da un fuerte aplauso por los individuos únicos que el Dador de Sueños ha hecho de tus hijos, por los Sueños que él les ha dado y la forma maravillosa en la cual los ha equipado para vivir sus Sueños. ¡Ciñe una Túnica de los Sueños hermosa y multicolor alrededor de tu hijo!

Educa a un soñador
SECRETO # 4

> AFIRMA tu propia fe en los Sueños de tus hijos al permitirles tener acceso a toda la *información y experiencias* que los ayudarán a definir sus Sueños.

El lugar al que Dios te está llamando es aquel lugar donde tus más profundos deseos se encuentran con la más profunda necesidad del mundo.

FREDERICK BUECHNER

~

La humildad es la cosa más extraña. En el momento en el que piensas que la tienes, se va.

ROY B. ZUCK

> *Yo creo que la vara de medir de la grandeza es la humildad. Y con «humildad» no quiero decir falta de fe en tus habilidades o dudas en cuanto a dejar en claro tu punto de vista. Sin embargo, los hombres y mujeres de verdad grandes están concientes de su propia incapacidad. Se dan total cuenta de que la fuente de su grandeza no se encuentra en ellos, sino más bien funciona a través de ellos; que ellos no podrían ser de otra manera, o más grandes —o más pequeños— de lo que Dios los hizo.*
>
> JOHN RUSKIN

«Toda mi vida he oscilado como un péndulo desde el todo a la nada», dijo ella. «En el hogar de mis padres yo era todo importante. Veía que esto era mi derecho. Luego comencé el colegio y descubrí que no era la más inteligente, la más linda o la más rápida. Solo era otra niña… y me sentía como si fuera nada».

Se quedó en silencio por un momento. «Todavía funciona igual. Cuando alguien me halaga de alguna forma, me siento la reina del mundo. Pero cuando nadie me nota, siento que no tengo valor alguno. Me la paso entre el todo y la nada».

Un bebé es el centro —el todo— de su pequeño mundo. Sin embargo, en algún punto todos debemos aprender que no tenemos tanta importancia. Debemos aprender a tener humildad. No obstante, corremos el riesgo de no entender bien la humildad, de pensar que ella quiere decir que somos nada. Pero no eres una simple nada, eres alguien especial: un individuo único creado por el Dador de Sueños para vivir un Sueño único.

Debemos enseñarles a nuestros hijos a caminar por el medio del sendero, entre el todo y la nada. A veces ellos son como globos llenos de aire caliente: están en algún punto muy alto del cielo y fuera por completo del alcance de la Madre Tierra. A veces sus Sueños son simples castillos en el aire, no se parecen en lo absoluto a la vida real o a su verdadera naturaleza. En ese instante nuestra tarea es hacerlos volver a tierra, con amor pero con firmeza.

En otros momentos, han caído de bruces y se sienten como gusanos: una nada absoluta. Un Sueño no se hizo realidad y ahora no quieren oír nada acerca de soñar. En semejante situación, los padres deben saber cómo ayudar a sus hijos a ponerse en pie y darles seguridad una vez más: «Hijo mío, tú no eres nada. Tú eres alguien especial. Lo que logras exteriormente no es tan importante como quién eres por dentro».

Entre el Sueño y el fondo de la cisterna

Cuando José recibió su Sueño de llegar a ser un líder, comenzó a actuar en grande. Uno se lo imagina contoneándose mientras caminaba, ufanándose por su túnica especial y sus Sueños especiales. Sin embargo, antes de darse cuenta, estaba en el fondo de una cisterna; de regreso a la tierra de un golpe... en realidad, casi enterrado vivo. Todo fue reducido a nada. Después de eso, José llegó a ser un esclavo en Egipto. Y como esclavo no era sino un verdadero don nadie, una simple posesión, un número. Con todo, tal vez el oscuro foso del desespero ayudó a que José se diera cuenta de que hasta un esclavo podía ser alguien. Porque, a pesar de no ser nadie, Dios lo bendijo en cualquier cosa que emprendía y llegó a ser una figura de autoridad en la casa de su amo... solo para terminar en una cárcel para su desgracia. Reducido a nada una vez más. Pero de nuevo, incluso en la cárcel, José fue en pos de hacer aquello para lo cual había nacido: liderar.

Esta también es la forma en la cual nosotros y nuestros hijos aprendemos que todos somos alguien; tanto a través de experiencias desafortunadas que nos obligan a tener un aterrizaje forzoso como a través de nuestros éxitos. Podemos ayudar a nuestros hijos a través de este proceso de dos maneras:

- *Cree en sus Sueños.* Entonces estarás en capacidad de ayudarlos a *interpretar* las experiencias positivas y negativas a la luz de su visión de sí mismos y sus Sueños, así como a *integrar* estas experiencias a su visión.

- De manera consciente, *exponlos a experiencias que les ayuden a formarse una idea clara de sus Sueños.*

Ayuda a que tus hijos entiendan la vida

Los hijos deben lidiar con un gran número de experiencias buenas y malas. Es usual que perciban las cosas por las cuales pasan en términos extremos: todo o nada. Una buena experiencia puede hacer que su globo de aire caliente llegue muy alto; una mala experiencia podría hacerlos sentir que han caído a lo más bajo. Los niños que nunca aprenden a manejar los acontecimientos con sensatez, sencillamente continúan fluctuando llenos de inmadurez por la vida.

Esto no quiere decir que debas ser un aguafiestas cuando tus hijos se encuentren en las partes altas de la vida. Si tu hija entra a la casa bailando porque fue seleccionada para el equipo de baloncesto, no tienes que darle un sermón sobre la humildad. Y si después de haber pasado por unos largos y arduos exámenes tu hijo ha alcanzado las mejores calificaciones, no es tu deber sagrado recordarle que la fama terrenal tiene poco valor. Algunos padres pueden acabar con la alegría de sus hijos solo porque no quieren que lleguen a ser arrogantes.

Con todo, también sucede que las personas —incluyendo a los niños— experimentan una desilusión intensa después de haber tenido un gran éxito. Tal vez se deba a que esperaban que sus logros los hicieran sentir mejor con respecto a sí mismos, pero las cosas no salieron así. O querían que la emoción durara y se desilusionaron al ver cuán rápido se desvaneció la agitación. No obstante, en su nivel más profundo, la razón para esta clase de desilusión es que el éxito como tal carece de significado.

La vida trágica del poeta inglés Lord Byron (1788-1824) es un ejemplo clásico de esto. Su brillante poesía, junto con su carisma personal y ostentoso estilo de vida, le dieron a conocer por toda Europa. Tenía libre acceso al dinero, el honor y toda clase de placeres en la vida. Poco antes de su muerte relativamente prematura a los treinta y seis años, revisó su «exitosa» vida y escribió:

> «Bebí cada vaso de placer y emoción hasta el
> fondo. Comencé temprano y continué bebiendo,
> bebiéndome *todo* lo que la vida tenía para ofrecer en

términos de dinero y fama. Y ahí me morí de sed. Nada de lo que había bebido podía calmar mi sed. Y no me quedaba nada más para beber».

*Ayuda a tu hijo a descubrir el **significado** del éxito de las siguientes formas:*

Enséñale qué quiere decir «talentoso» en realidad. Los hijos deben comprender que nuestros talentos son en verdad dones de Dios, el cual nos equipa para vivir nuestros Sueños. El placer de cualquier logro se desvanece con rapidez. Sin embargo, si tu hijo puede relacionar su felicidad con una celebración del Dador de todos los talentos, que hace posible nuestro éxito, va a descubrir una alegría duradera. La alegría por la bondad de Dios no se opone al placer por nuestros logros; más bien, le añade profundidad a nuestro placer y lo fortalece.

Ayuda a tus hijos a ver cómo los pequeños logros y las experiencias positivas se conectan con su Gran Sueño. Sin lugar a dudas, el éxito de José en la casa de Potifar y la cárcel lo preparó para el momento en el que alcanzara su plenitud como líder. Si tus hijos pudieran considerar cada victoria, no importa cuán pequeña sea, como un paso pequeño en el camino a la realización de su Gran Sueño, no aprenderían a valorar solo los grandes logros. Si se pudieran dar cuenta de que cada experiencia les ayuda a prepararse para lo que el Dador de Sueños les tiene reservado, los logros pequeños comenzarían a tener mucho más sentido para ellos.

Ese es el motivo por el cual es tan importante exponer a los niños a la información y las experiencias que pueden ayudarles a definir sus Sueños. Cuando hayas descubierto la dirección de sus Sueños, exponlos a libros, personas, películas, vídeos, producciones, programas de televisión, dramas, música… cualquier cosa que se ajuste a su campo de interés, que agite la emoción por su Sueños. Como reza el proverbio italiano:

> Solo aquellos que sienten sus Sueños
> están equipados para seguirlos.

Ayuda a tus hijos a entender que son bendecidos para bendecir a otros. El Sueño que el Dador de Sueños te ha dado está diseñado para satisfacer una Gran Necesidad en alguna parte del mundo. El Gran Sueño de José de llegar a ser un líder se correspondía exactamente con las necesidades surgidas por la hambruna que azotó a Egipto y Canaán. Los Sueños de tus hijos también se corresponden con algunas necesidades en alguna parte del mundo, y si ellos pueden aprender a ver sus logros desde esta perspectiva, encontrarán mucho más significado en el éxito. Un hijo que se desempeña bien académicamente, por ejemplo, puede darse cuenta de que sus talentos intelectuales podrían hacerlo adecuado para una carrera en investigación médica o derecho: una oportunidad para ayudar a muchas personas. Una estrella de los deportes, un actor y un comediante podrían ver cuánto placer les producen sus logros a otras personas. Cualquiera sea la profesión o el oficio que tu hijo desee desempeñar un día, anímalo a perseguir una meta más importante que obtener un buen ingreso. Ayúdalos a darles forma a sus Sueños de modo tal que un día puedan hablar de ellos como lo hacían las personas de Lambaréné, en Gabón, al hablar de la amorosa obra del doctor misionero Albert Schweitzer:

> Cuando vino por primera vez no había luz.
> Cuando se fue no quedaba oscuridad.

Hay ejemplos incontables de personas bendecidas con un buen intelecto, habilidades especiales o circunstancias privilegiadas que, como retribución de gratitud, decidieron invertir en la sociedad. Inspira a tus hijos con historias como esas. Por ejemplo, un joven cirujano de Cape Town, muy habilidoso e inteligente, decidió dejar a un lado su cómodo estilo de vida y ofreció sus servicios en uno de los hospitales rurales más primitivos del mundo. El título del cautivador libro de sus experiencias es *The Dressing Station* [El puesto de socorro]. El Sueño del doctor Jonathan Kaplan lo ha llevado a numerosos frentes tales como la guerra entre los kurdos y la guardia republicana de Saddam Hussein, a Eritrea, al Amazonas, a Birmania, a Mozambique…

Por supuesto, las obras que sacuden al mundo no son la única manera de bendecir a los demás. Recuérdales a tus hijos que las personas comunes y corrientes pueden hacer cosas fuera de lo común para hacer del mundo un mejor lugar.

Sin embargo, en la persecución de sus Sueños tus hijos también van a encontrar experiencias negativas. ¿Qué debes hacer cuando lleguen a casa diciendo que no calificaron para el equipo o que perdieron los exámenes? ¿Cómo puedes ayudarles a enfrentar la vida de nuevo cuando se sienten nada? He aquí unas pocas cosas para recordar:

Abraza a tus hijos con tu amor. De forma sorprendente, la Biblia enfatiza la presencia de Dios en la vida de José *en particular durante los momentos más difíciles* al servicio de Potifar y en la cárcel. La gente veía que «el Señor estaba con él» (Génesis 39:3,21). En un tiempo en el que con toda facilidad podía ser tratado como un simple número, siguió siendo alguien precioso para su amoroso Dios. Cuando tus hijos se sientan desanimados, entregarles tu amor y tu tiempo es la mejor manera de ayudarlos a redescubrirse como alguien.

Ayuda a que tus hijos acepten sus limitaciones mientras se aferran a su potencial. Enséñales a aceptar que son seres humanos, no superhéroes, y que van a necesitar a los demás mientras sigan vivos. Cuando a John D. Rockefeller le preguntaron a qué le atribuía su éxito fenomenal en los negocios, el millonario respondió: «A los otros». Explícales a tus hijos que a veces equivocarse, sentir miedo o desánimo es perfectamente aceptable. Es parte de ser humanos el pedir la ayuda, el consejo o el consuelo de otros. A los niños no se les debe hacer sentir que deben hacer todo por su propia cuenta… ni se les debe hacer creer que no son capaces de hacer nada.

Ayuda a tus hijos a aprender de la desilusión y las experiencias negativas. El mensaje que quieres comunicar es: «No siempre podemos evitar las malas experiencias y no podemos cambiar el pasado. Lo que podemos hacer es aprender de nuestros errores y utilizarlos como entrenamiento para hacer realidad nuestros Sueños».

El historiador y escritor escocés del siglo diecinueve, Thomas Carlyle, pasó seis años escribiendo su obra maestra sobre la revolución francesa. Cuando la completó, le entregó el paquete del manuscrito a su amigo John Stuart Mill y le pidió su opinión. Un día o dos después, cuando Mill no se encontraba, la empleada del servicio encontró el manuscrito junto a la mesa en el estudio. Ella reunió la pila de papeles, junto con otros «desperdicios», y los arrojó al fuego. ¡Y eso ocurrió cuando no había computadoras!

Cuando Mill se dio cuenta de lo que había sucedido, fue a contarle la horrible noticia a Carlyle en estado de conmoción. El segundo lo escuchó con calma. Sonriendo brevemente le dijo: «No te preocupes, John, esas cosas pasan. Comenzaré una vez más. Todo está en alguna parte de mi cabeza, sin dudas».

Cuando su amigo se fue, su esposa lo vio inclinarse contra la ventana, con la mirada pesada. Luego dijo en voz alta: «Ah, bueno, se perdió el manuscrito. Mejor comienzo otra vez». Irguió sus hombros, sacó el pecho y se sentó en su escritorio. Y una vez más tomó su pluma…

Tras un largo período de tiempo, con determinación tenaz, Carlyle terminó una vez más una serie completa de libros sobre la revolución francesa… y la obra llegó a ser uno de los grandes clásicos de nuestro tiempo.

Carlyle no fue solo un gran escritor; fue un hombre cabal y no dejó que la desilusión se llevara lo mejor de él. Dejó las cosas atrás y comenzó a vivir su Sueño.

Muéstrales a tus hijos que tú todavía crees en sus Sueños, sin importar qué haya salido mal. En muchas ocasiones es mejor hacer algo práctico para mostrarles que no has perdido la esperanza, que intentar desafiarlos al hablarles para que persigan sus Sueños. ¿Recuerdas la madre que mencioné en un capítulo anterior, la que en lugar de un largo discurso le dio a su hijo unas zapatillas de carreras cuando él estaba seriamente herido? Esas zapatillas animaron al deportista herido a correr de nuevo. La experiencia de la vida de un hijo es limitada, por lo tanto, son dados a percibir cualquier revés como un disparo al corazón. No obstante, tú puedes ayudarlos a ver sus Sueños a través de ese revés actual y darle la bienvenida al futuro. Recuérdales con frecuencia la famosa definición de Robert Ingersoll sobre la valentía verdadera:

> La prueba definitiva de la valentía verdadera
> es perder sin perder el valor.

Expón a tu hijo a la experiencia

Una forma práctica de ayudar a formar los Sueños de tus hijos es exponerlos a experiencias que puedan traerlos a la realidad o inspirarlos. Por ejemplo, cierta mamá tenía dudas serias con respecto a algunos aspectos del Sueño de su hija. Una biografía de Florence Nightingale inspiró a la niña a tal grado que insistía en convertirse en enfermera. Al charlar con ella, su madre se dio cuenta de que su hija adolescente se estaba viendo con una lámpara en un cuarto oscuro de hospital, limpiando la frente de hombres apuestos con un paño humedecido. En su último año del colegio, la mamá hizo diligencias para que su hija pudiera tener un trabajo temporal en el hospital durante las vacaciones. Esta experiencia provocó que la chica volviera a la realidad en un instante; le hizo caer en cuenta que no estaba preparada para tan duro trabajo y las crudas realidades de la enfermería.

Sin embargo, la mamá no dejó las cosas así. Juntas exploraron otras posibilidades hasta que la muchacha, con su aptitud para los asuntos científicos, decidió convertirse en una investigadora médica… el mismo Sueño, pero en una forma que se adecuaba mejor a ella.

De la misma forma, los padres pueden utilizar la exposición positiva para ayudar a sus hijos a tener una idea más clara de cómo se comportaría su Sueño en la realidad. Un amante de los animales, por ejemplo, estaría en capacidad de tomar una decisión más informada después de hablar con un cirujano veterinario, tomar un trabajo durante las vacaciones en un zoológico, o tal vez pasar un tiempo ayudando en una granja.

Aun más importante, esta exposición a la realidad debe ayudar a los hijos a comprender el enlace entre sus Sueños y el Gran Sueño de Dios. El Dador de Sueños pone un Sueño en el corazón de cada persona con la intención de que con el tiempo ese Sueño sea una bendición para todos.

Para este fin es importante que los hijos —en especial aquellos que provienen de un trasfondo privilegiado— experimenten de primera mano la gran necesidad del mundo. Los hijos que viven vidas protegidas, dentro de una caja de cristal, no suelen captar cómo la existencia de las personas se afecta de verdad por el hambre y la pobreza. También les parece muy difícil concebir cómo podrían producir un cambio en este mundo con sus dones y talentos.

Esta es la historia de un predicador que fue de visita a donde unos miembros adinerados de su congregación. Era un invierno inglés y el frío era gélido afuera, pero él estaba bien cubierto por un abrigo de piel. Cuando la visita se acercaba al final, el predicador le dijo al padre de familia que deseaba preguntarle algo confidencial. El señor acompañó al ministro hasta afuera sin detenerse en busca de una chaqueta, pues esperaba que fuera una despedida rápida. Sin embargo, el predicador, arropado con su abrigo de piel, comenzó a hablar de varias cosas hasta que su anfitrión se encontró literalmente temblando de frío. En repetidas ocasiones quiso saber qué quería preguntarle el predicador, pero este continuaba hablando nimiedades. «¿No le gustaría volver a entrar?», le preguntó el hombre entumecido. Pero el predicador continuó la charla con serenidad. Al final, el padre de familia, con los dientes tiritando, le dijo:

—Reverendo, si no me dice usted qué quiere en este instante, me voy a morir de frío.

—Señor —le respondió el reverendo—, necesito cien libras para comprar una provisión de carbón para una familia sin trabajo en este invierno.

De inmediato el hombre rico extrajo un fajo de billetes de su billetera y se los entregó al predicador con estas palabras:

—Reverendo, ahora sé por qué me dejó aquí parado tanto tiempo en el frío. Usted sabía que nunca en mi cómoda vida había sentido tanto frío. Ahora que he experimentado esta miseria por mí mismo, mi corazón está dispuesto a suplir una necesidad de la cual no tenía noción alguna antes.

No tienes que dejar a tus hijos afuera en la nieve ni tienes que lanzarlos a una cisterna, como hicieron los hermanos de José con él, pero recuerda esta prueba de la realidad: *Un niño que crece ignorando los huecos de este mundo, tampoco se preocupará por ellos.*

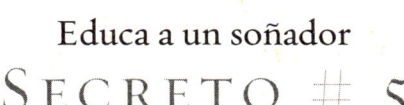

Educa a un soñador
SECRETO # 5

> DETERMINA usar toda oportunidad para ayudarles a aprender de las personas que constituyen un *ejemplo*, tanto positivo como negativo.

Me enseñó que la vida puede ser difícil y a menudo injusta, pero que sin embargo es bueno estar vivo.

UN HIJO ACERCA DE SU MADRE

~

¿Quieres saber entonces el secreto de cómo ser un buen padre? La respuesta es idéntica para los padres, profesores y cualquiera en una posición de liderazgo:

*Sé lo que quieres que sean aquellos
que te tienen de ejemplo.*
THOMAS CARLYLE

~

*No hay mayor influencia en la vida de un niño que el
ejemplo vivo de la fortaleza moral. Para que los niños
aprendan a tomar en serio la moralidad, necesitan
ver a adultos que vivan vidas morales.*
WILLIAM J. BENNET

Era de noche, en el día se habían llevado a cabo las exequias de su madre. Los hijos estaban afligidos, pero la atmósfera no era lúgubre ni apagada. «¿Recuerdan…?», dijo uno, y las memorias comenzaron a fluir. Eran del tiempo justo después que su padre los había abandonado y su madre convocó a una conferencia familiar, informándoles que iban a seguir adelante pasara lo que pasara. Luego vinieron épocas en las que no había comida, pero su madre se las arreglaba para tener algo en la mesa… y los hacía reír con su extraña «cocina de emergencia».

«Mamá me dio algo», dijo el más joven después, «a lo cual quiero aferrarme por siempre. Me enseñó que la vida puede ser difícil y a menudo injusta, pero que sin embargo es bueno estar vivo».

La maravillosa película *La vida es bella* cuenta la historia de un judío italiano, Guido Orefice. Durante los últimos meses de la Segunda Guerra Mundial, él y su hijo fueron llevados a un campo de concentración nazi. Con su naturaleza optimista, Guido decidió intentar proteger a su hijo de la única forma que podía de las circunstancias desesperadas que les esperaban. Le presentaría al pequeño Giosué un mundo brillante a pesar de todo el horror que les rodeaba. Así que, cuando iban en el camión de camino al campamento, Guido le dijo a su hijo que el viaje en realidad era una sorpresa de cumpleaños. Iban a una aventura y el premio que se podían ganar era increíble: un tanque... ¡un tanque de la vida real! Las reglas cambiarían varias veces, le advirtió Guido, pero en general se iba a tratar de jugar a las escondidas, hacer creer cosas, y de una regla especial llamada «silencio mortal». Las personas en uniforme a las que conocerían en realidad no eran malas, le explicaba, todo era solo parte del juego. En ocasiones también sentirían mucha hambre, pero la verdad es que era una prueba de resistencia durante la aventura. El que se quejara sería descalificado y «enviado a casa».

De esta forma, Guido se las arregló para mantener en alto el espíritu de su pequeño en medio de los terrores de la muerte, el hambre, los trabajos forzados y las condiciones inhumanas de las barracas. Hacía todo lo que podía para llamar la atención de su hijo sobre cualquier pequeño incidente «bello» que pudiera hacer más llevadera la vida en ese campo infernal. Y esto funcionaba también para él. Guido se aferró a la esperanza «realista» de que las fuerzas aliadas los rescatarían pronto. Fue tan bueno su trabajo con aquella fantasía para mantenerlos vivos, que el pequeño Giosué creía haber ganado la «competencia» cuando el primer tanque de las fuerzas aliadas se adentró en el campamento y expulsó a los que «se hacían pasar por malos con uniforme». El conductor del tanque vio a Guido muerto en el tiroteo que siguió, pero levantó al pequeño, el cual no sospechaba nada, lo subió al tanque con él y lo dejó sentarse al volante…

Por supuesto, todo esto es demasiado bueno para ser cierto. Sin embargo, la película deja el mensaje de que, a través del ejemplo y la influencia, los padres pueden enseñarles a sus hijos a creer en la belleza de la vida… sin importar qué tan adversa e injusta sea ella a veces.

Los niños aprenden de la experiencia; esta es una verdad simple pero importante. Esa es la razón por la cual los ejemplos son tan decisivos en la vida de un hijo… y como padre, eres el primer y más importante ejemplo para tu hijo, ya sea para bien o para mal.

Sigue mi ejemplo...

Como hemos visto en el Capítulo 3, la Biblia nos narra la historia de José por dos razones. *La primera y la más importante* es que debería hacernos reflexionar en las palabras: «El Señor estaba con José» (Génesis 39:2,3,21,23). Debemos entender con claridad que el Sueño de José era parte del Gran Sueño de Dios. No obstante, aprendemos que Dios, aun cuando parecía haberse desvanecido en el trasfondo, estaba dirigiendo la vida de José hacia el cumplimiento de su Sueño. El Dador de Sueños logró su propósito con José, aunque muchas veces daba la impresión de que el Sueño de «ese soñador» se había resquebrajado de modo irreparable.

La segunda razón es que, sin ninguna duda, debemos encontrar inspiración en las palabras «el Señor estaba con José y lo hacía prosperar en todo» (Génesis 39:3). José está supuesto a ser un ejemplo o un modelo para nosotros. Esto no quiere decir que él fuera el retrato de la perfección. En lo absoluto. No se espera que seamos «como José» en todo aspecto. Sin embargo, debemos notar lo determinante que puede ser en la vida de una persona —aun si ella es reducida a la esclavitud o está prisionera en una celda— el hecho de que Dios esté con ella para animarla a emprender lo que sea necesario para cumplir sus Sueños.

A partir de José aprendemos que, en primera instancia, lo necesario para vivir nuestros Sueños no es nuestro talento, las oportunidades o tener un éxito tras otro. Sencillamente es creer que Dios está en nuestras vidas y obedecer… haciendo aquello para lo cual fuimos creados sin importar cuáles sean las circunstancias.

A menudo creemos que la forma de enseñarles algo a las personas es haciéndolas asistir a un curso excelente para luego esperar que apliquen lo aprendido. Nadie va a negar que esos cursos pueden ser muy valiosos, pero el hecho desafortunado es que muchas personas asisten a un curso tras otro —y se emocionan con cada uno— sin que el más mínimo vestigio de cambio se haga patente en sus vidas.

Aprendemos las lecciones más importantes en *la escuela de la vida*, a través del *ejemplo* de *personas modelos* con las que entramos en contacto. Ningún discípulo podría olvidar jamás la noche en que Jesús les habló acerca de ser siervos… y cómo lo puso en práctica al ser él mismo el que les lavara los pies. Si quieres enseñarles a tus hijos la esencia del servicio, no les des sermones sobre servir a los demás; permíteles que *te vean* siendo un siervo para los otros y así les estarás diciendo: «Sigan mi ejemplo. Así como yo he hecho con ustedes, háganlo ustedes también…»

Un joven sacerdote quería que el famoso San Francisco de Asís le enseñara a predicar. Pidió acompañar a San

Francisco en una visita de predicación a una ciudad vecina para aprender por observación. San Francisco estuvo de acuerdo. Caminaron todo el día por las calles de la ciudad, hablando y respondiendo preguntas, visitaron hogares donde había necesidades o enfermedades, algunas veces ofrecieron consejo o ayuda, en otras ocasiones ofrecieron consuelo…

Al caer la noche, San Francisco le dijo que debían comenzar el viaje de vuelta.

—¡Pero si en todo el día no has predicado ni una sola vez, ni siquiera has hablado sobre Jesús! —se quejó con desilusión el joven sacerdote—. ¡Creí que me habías dicho que te acompañara a predicar!

—Y espero que sí hayas aprendido, hermano —replicó San Francisco con calma—. Si las personas no pueden ver nuestro mensaje del amor de Jesús en lo que hacemos, no lo van a creer cuando se lo digamos. Predicar no sirve de nada si nuestras vidas enteras no son sermones.

A partir de la forma en la que vives, tus hijos van a descubrir si confías en el Dador de Sueños o si vives como si soñar no tuviera sentido porque de todas formas los Sueños nunca se hacen realidad. Si eres pesimista, estás ansioso o simplemente no tienes interés; si permites que los más pequeños reveses te abatan; si desconfías de otras personas en principio, tu hijo seguirá tu ejemplo con mucha facilidad. Por supuesto, lo opuesto también es verdad. Si vives *apasionado* por los Sueños que recibiste del Dador de Sueños, si te esmeras para vivir esos Sueños, esta actitud les hablará mucho más fuerte que tus palabras.

Un poema clásico alemán ilustra de modo sutil estas diferentes perspectivas de la vida. Dice más o menos así:

> Dos personas se fueron a caminar por la naturaleza. Cuando regresaron, la gente quería saber:
> —¿Qué vieron? ¡Dígannos!
> —Ah, ya saben, lo mismo de siempre, las mismas viejas montañas, los árboles, el sol, las fuentes de agua, el pasto verde, el cielo azul… —respondió uno.
> —¡Ah! ¡Las montañas y los árboles! ¡El sol! ¡Las fuentes de agua! ¡El pasto verde y el cielo azul! —exclamó el otro.

Definición de un buen ejemplo

Permíteme comenzar diciendo qué *no* es un buen ejemplo. *La persona modelo no necesariamente es alguien perfecto que puede hacer absolutamente todo.* Solo Dios es perfecto y lo puede todo.

Los padres que intentan mostrar un ejemplo perfecto, en verdad lo que están es intentando jugar a ser Dios con sus hijos… y ya hemos visto cómo puede ser de catastrófico eso. Para ser un buen ejemplo debes preferir:

- Ser honesto con respecto a tus debilidades y limitaciones.
- Reconocer con franqueza que dependes de Dios.
- Estar preparado para admitir que necesitas a los demás.

Los padres como estos no sucumbirán al cinismo con respecto al mundo y la falibilidad humana. No confundirán la dependencia en Dios con una actitud pasiva ante la vida. Y no van a permitir que su necesidad de otros degenere en una dependencia excesiva… ni en la amargura cuando las personas les fallen. Esos padres saben y también les enseñan a sus hijos que:

- Dios es bueno. Y la vida, por ser un regalo de Dios, también es buena. En realidad: «La vida es bella».
- Aun cuando eres un ser humano débil y con limitaciones, también eres una persona con talentos, diseñada por el Dador de Sueños con un Sueño único a realizar solo por ti.

- Te desilusionarás a ti mismo y a otros con frecuencia, pero Dios te perdonará cada vez y te bendecirá con un nuevo comienzo en tu Viaje de los Sueños.

- Hay otras personas que te van a decepcionar, pero como Dios te ha perdonado, tú puedes perdonarlas a su vez… y embarcarte en un Viaje de los Sueños junto a ellas.

Este último punto resalta uno de los aspectos más importantes de ser un ejemplo para nuestros hijos: Debemos demostrar, a través de nuestro comportamiento, el estilo de vida de las personas que son capaces de *recibir y entregar perdón*. Si José no hubiese perdonado a sus hermanos, su corazón se hubiera quedado en la cisterna, sin importar que estuviera ocupando un trono en Egipto. Las personas incapaces de recibir y entregar perdón son también incapaces de realizar sus Sueños. Aun peor, pueden llevarlos a cabo en parte, pero se quedan cortos en cuanto a su verdadero propósito —hacerse parte del Gran Sueño del Dador de Sueños— por causa de su amargura.

Por lo tanto, el papel más importante que puedes desempeñar en la vida de tus hijos en este aspecto es perdonarlos cuando se hayan equivocado, y de igual manera pedirles perdón cuando hayas cometido un error. Los padres que consideran que se están rebajando cuando dicen: «Perdón, estaba equivocado», o que muestran falta de perdón hacia los demás, no pueden ejercer una influencia positiva en sus hijos.

Un amigo cuenta de una ocasión en que su matrimonio estaba bajo un estrés fuerte. Una noche sintió que ya no aguantaba más. «¡Te odio!», le gritó a su esposa completamente fuera de control. «Ahora sí fuiste demasiado lejos. Nunca te perdonaré. ¡Nunca, jamás!» Meses después, cuando la paz se había restaurado entre él y su esposa, escuchó consternado en una oportunidad a su hijo de cuatro años vociferándole a un amigo: «¡Te odio! Ahora sí fuiste demasiado lejos. Nunca te perdonaré. ¡Nunca, jamás!».

El niño usaba justo el mismo tono de voz y la misma entonación que había oído desde su alcoba la noche en que su padre le había gritado a su madre.

Otros ejemplos

Al no ser más que simples mortales, los padres no deben intentar ser las únicas personas modelos que necesitan sus hijos. Sus Sueños son únicos y por lo tanto son diferentes a los de sus padres, lo cual quiere decir que también van a necesitar a otras personas como ejemplos a seguir. El peligro con esto es que nuestros hijos podrían tomar la ruta popular sin advertirlo y escoger como modelos a celebridades escandalosas del mundo deportivo o el entretenimiento. Estas estrellas con frecuencia llevan vidas superficiales y se complacen en toda clase de extravagancias y travesuras provocativas.

En las páginas 137-139 discuto el hecho de que los niños, en su proceso de madurar, se aíslan cada vez más, y los padres deben respetar estos límites. Sin embargo, los hijos pueden llegar a estar tan enfrascados en la vida que comparten con su grupo de amigos, que anulan cualquier forma de conexión con las vidas de sus padres y otros adultos. Cuando eso ocurre, tienden a escoger a sus modelos entre la «cultura juvenil» exclusivamente, lo cual puede promover «valores» diferentes a aquellos que les ayudarían a desarrollarse como adultos íntegros bien balanceados.

La tragedia es que los niños de las comunidades más pobres —los que además, con frecuencia también son portadores del VIH/SIDA— tienden a crecer sin ejemplos positivos. Quizás sus padres murieron o trabajan en otro lugar. En estos sectores, de modo usual son las pandillas las que, a través de la violencia, imponen el respeto y son aparentemente exitosas en términos de los valores materialistas del mundo, pues tienen más dinero que aquellos que trabajan todos los días con honestidad. De esta forma, llegan a ser modelos atractivos para estos niños.

Semejante situación le representa a los padres algunos desafíos:

Asegúrate de que los límites entre tu mundo y el de tu hijo permanezcan abiertos. No les permitas socializar solo con un grupo de su propia edad. Ayúdales a conocer a otros adultos, incluyendo a personas ancianas. Mientras mejor se comuniquen los hijos a través de la brecha generacional, mayor será la posibilidad de que aprecien el valor de las personas modelos de otras generaciones más allá de las suyas.

Durante los años del apartheid en Sudáfrica, un pequeño niño negro iba caminando por la calle con su madre cuando un hombre blanco anciano se cruzó con ellos y los saludó sonriendo y levantándose el sombrero.

El jovencito estaba atónito: ¡Un hombre blanco levantándose el sombrero para saludar a una mujer y un niño negros!

—¿Por qué hizo eso? —le preguntó a su madre.

—Porque es un sacerdote —respondió ella.

—Entonces un día yo también quiero ser un sacerdote —declaró el pequeño.

El hombre blanco era Trevor Huddlestone, que en aquel momento era sacerdote en un pequeño poblado negro de Sophiatown, el Harlem de Johannesburgo, y un oponente incansable del apartheid.

El pequeño chico negro era Desmond Tutu.

Relaciona a tu hijo con *personas modelos que han tenido éxito en la dirección hacia la cual apunta el Sueño de tu hijo*. Una vez que tus hijos han llegado a ser concientes de sus propios Sueños, es probable que sean inspirados por los adultos que viven Sueños similares de modo significativo. Por ejemplo, si tu hijo es sensible a los pobres, preséntaselo a alguien que esté involucrado de forma activa en el desarrollo comunitario.

Anima a tu hijo a leer historias (biografías también) o ver películas acerca de personas que se dieron cuenta de sus Sueños a pesar de las limitaciones y los reveses. Estimula su imaginación y alimenta su idealismo con relatos de personas como la albanesa Agnes Bojaxhiu. Nunca asistió a la universidad, nunca se casó, nunca tuvo un auto. Pero nada de eso fue necesario para cumplir su Sueño de ayudar a los pobres. Vivió su Sueño al entregar la mayor parte de su vida a la tarea de consolar y cuidar a los más pobres de los pobres, los cuales morían en las calles. La conocemos como la Madre Teresa de Calcuta, ganadora del premio Nóbel de la paz. Hoy su Sueño aún inspira a miles.

Si hay un libro además de la Biblia que toda familia debe leer y aplicar es *The Book of Virtudes* [El libro de *las virtudes*] de William J. Bennet. Contiene numerosos ejemplos de lo que han hecho y dicho las personas que están viviendo Sueños significativos.

Muéstrales a tus hijos las personas que han tenido éxito en conectar sus propios Sueños con las Grandes Necesidades de nuestro mundo. En nuestra sociedad, a los más ricos y los más glamorosos se les considera con frecuencia ejemplos de personas que viven Vidas de Sueños. Esto quiere decir que los campos de refugiados, los enfermos de SIDA y otras realidades oscuras de la vida pueden parecer, a los ojos de nuestros hijos, circunstancias donde un Sueño no tiene ninguna posibilidad de concretarse. Muchos muestran oídos sordos ante estas crudas realidades, aferrándose a Sueños más brillantes. Persiguen un Sueño egoísta que en la práctica solo les sirve para alejarse de las Grandes Necesidades de nuestro mundo.

No obstante, algunos toman el camino opuesto. Como Cada Hombre en El Dador de Sueños, tienen éxito al vivir sus Sueños en la sombría ciudad de los DonNadies. ¡Tus hijos deben conocer sobre estas personas y saber cuán satisfactorio puede ser vivir de ese modo! Conozco a una mujer con altas calificaciones que por elección propia da clases en un colegio en un pueblo de Sudáfrica. Cuando se le preguntó por qué no utilizaba sus habilidades para obtener un trabajo en algún prominente colegio de la ciudad, recibir un mejor salario y tener mejores condiciones, ella respondió:

> Amo a los niños del pueblo. Son sinceros; necesitan mi aceptación, amor y atención mucho más que los niños provenientes de hogares donde ya existe todo eso. Ellos están preparados para trabajar cuando alguien los motiva, cuando les ayudan a descubrir algo por lo cual vivir. Ver que los Sueños comienzan a tomar forma en sus ojos hace que de verdad valga la pena.

Lo importante en materia de ejemplos para tus hijos es que recuerdes que aun cuando puedes presentarles a la gente adecuada, ¡no puedes forzarlos a inspirarse con tus elecciones! Sin embargo, mientras más amplio sea el espectro de posibilidades que les presentes, más grande será la oportunidad de que encuentren a alguien que capture su imaginación y de quien puedan decir: «Este es un ejemplo que me gustaría seguir».

Si puedes hacerles entender a tus hijos que, aunque todos somos personas comunes y con limitaciones, el Dador de Sueños nos usa a cada uno de una manera única, les habrás dado una herencia que nadie podrá quitarles.

Educa a un soñador
SECRETO # 6

Otórgales confianza en el Dador de Sueños como la única *Guía* que les mostrará cómo darle forma a sus Sueños para que se ajusten con el Gran Sueño de Dios para el mundo.

No es tan importante aquello por lo cual la gente nos alaba, sino qué precio estamos dispuestos a pagar por la causa de Dios.
Henry Ward Beecher

~

*Le atribuyo mi éxito
a que tuve la fortuna suficiente*

*de darme cuenta muy pronto
en mi vida de que yo no era Dios.*
OLIVER WENDELL HOLMES

~

*Si quieres darle a tu hijo solo lo mejor que el cielo
y la tierra pueden ofrecer, entrégalos a la voluntad
de Dios para sus vidas.*
WILLIAM CAREY

~

*La voluntad de Dios para tus hijos nunca podrá
llevarlos a ninguna parte a donde su gracia
no pueda acompañarlos.*
ALBERT M. WELLS

«Papá siempre quería estar en control», dijo el hombre después de su divorcio. «Decidió lo que íbamos a estudiar. No le gustaba mi esposa y por esa razón no fue a nuestra boda. Sin embargo, desde que nos casamos no pudo evitar la interferencia. Cada visita era una inspección. Con el tiempo, mi esposa no lo soportó más. No obstante, nunca tuve la fuerza para enfrentarlo. Su excusa siempre fue que solo quería lo mejor para sus hijos, que deseaba asegurarse de que estuviéramos sirviendo al Señor y nuestras vidas estuvieran bien. Hoy me pregunto si papá no estaría intentando jugar a ser Dios en nuestras vidas».

Tu papel es el de ser un padre para tu hijo. No el de ser Dios. Esto quiere decir:

- No eres el arquitecto del Sueño de tu hijo.
- No puedes ser todo para tu hijo.
- Nunca vas a saber ni a entender todo lo relativo al Sueño de tu hijo.
- No siempre vas a estar ahí para tu hijo.
- No siempre puedes tener la razón.

Por lo tanto, en el momento en que comienzas a jugar a ser Dios en las vidas de tus hijos, comienzas a hacerles un perjuicio. Con el tiempo, o se van a inclinar ante cada uno de tus deseos, siendo menos de lo que deberían; o se van a rebelar contra ti, pensando más de ellos de lo que debieran. Los padres que intentan jugar a ser Dios son el factor clave para causar que sus hijos se vayan a los extremos del todo o la nada. Sin embargo, los padres que desde el principio educan a sus hijos para que lleguen a conocer al verdadero Dios, les abren la puerta del descubrimiento de ser alguien en verdad… personas únicas delante de Dios.

Jacob estaba impotente

Los padres de José estuvieron ausentes de su vida casi todo el tiempo. Su madre murió cuando dio a luz a su hermano menor. La contribución final registrada de su padre durante sus años de formación fue una crítica: «¿Qué quieres decirnos con este sueño que has tenido?» (Génesis 37:10). La Biblia no declara que Jacob tuviera presente el Sueño de José... Sin embargo, cuando José fue a parar a la cisterna, su padre no estaba ahí. Su padre tampoco estuvo ahí cuando fue hecho esclavo en Egipto ni cuando estuvo preso. Jacob fue engañado, pues sus hijos mayores le mostraron la Túnica de los Sueños despedazada y manchada de sangre después de haber vendido a José como esclavo.

José estuvo huérfano en todas las experiencias que con el tiempo le dieron forma al líder que había soñado en convertirse. Con todo, no estaba solo por completo: *Dios estaba con José*. Y fue Dios —no Jacob— el que al final le hizo entender a José el significado de su Sueño de convertirse en líder: «Fue Dios quien me mandó delante de ustedes para salvar vidas» (Génesis 45:5).

La cruda realidad de la paternidad es que con frecuencia no puedes estar cuando tus hijos están experimentando las peores dificultades o disfrutando de sus más grandes éxitos. Pero Dios siempre está con ellos.

Por lo tanto, el Dador de Sueños es el único Guía digno de confianza para tus hijos.

Un adolescente notó una vez a qué punto llegaba su padre en su preocupación por él: intentaba estar en todas partes y hacerlo todo para proteger a su hijo de las dificultades de la vida. Entonces le escribió a su padre la siguiente nota:

Papá, estoy seguro de que te acuerdas cómo solías contarme historias cuando era más pequeño y me sentía asustado o inseguro. Bueno, he notado que con frecuencia te preocupas por lo que pueda pasarme cuando no estás ahí para ayudar. Por eso quiero recordarte una de las historias que leímos juntos cuando era niño.

Es la del gallo que se despertaba todos los días antes del amanecer para sentarse en el techo de la granja y cantar... para que el sol se levantara. Pues eso era lo que el gallo creía: que era su responsabilidad hacer que el sol saliera. Lo asustaba pensar que si no cantaba, todo saldría mal. Siempre se preocupaba y decía: «¿Qué pasaría si me enfermo o muero? ¿Cómo crecerían las cosechas, cómo se despertarían los niños para ir al colegio, cómo se secaría el rocío y brotarían las flores si yo no hiciera salir el sol? Con el tiempo, el mundo se volvería frío y oscuro, el pasto y los árboles morirían, la gente también...»

Sucedió que el gallo se fue a una fiesta una noche y se quedó dormido a la mañana siguiente. Los otros animales se dieron cuenta de que no estaba ahí para hacer salir el sol y se encontraban al borde del pánico cuando vieron un destello de luz en el horizonte... era el sol... ¡saliendo sin necesidad del gallo! Él se sintió miserable cuando descubrió que no tenía parte en la salida del sol cada mañana. ¡Estaba avergonzado!

Sin embargo, también se sintió descansado. *Qué peso me he quitado de encima*, pensó. *¡Ya no tengo que —no puedo— hacer salir el sol! Con todo, ahí está cada mañana. Debe haber Alguien más ocupándose de todo esto.*

Papá, tú iluminas mi vida, pero no es tu responsabilidad que «el sol salga para mí». Sé que sabes que hay Alguien más ocupándose de ello.

Ofrenda y bendición

Al leer la historia familiar de los antiguos patriarcas Abraham, Isaac y Jacob, vemos dos palabras que nos pueden ayudar a entender cómo debemos reaccionar los padres ante el duro hecho de que no podemos asumir la responsabilidad por nuestros hijos para siempre, y que más bien debemos aprender a confiar en el Dador de Sueños con respecto a las vidas de nuestros hijos.

Encontramos un resumen en Hebreos 11:17-21: «Por la fe Abraham, que había recibido las promesas, fue puesto a prueba y *ofreció* a Isaac, su hijo único … Por la fe Isaac *bendijo* a Jacob y a Esaú, previendo lo que les esperaba en el futuro … Por la fe Jacob, cuando estaba a punto de morir, *bendijo* a cada uno de los hijos de José, y adoró…»

Ofrenda

El relato en el cual Dios le pide a Abraham que ofrezca a su hijo Isaac es, con seguridad, uno de los más difíciles de la Biblia. Con todo, también ilustra una verdad básica a la que todo padre debe hacerle frente: *Debemos entregarle nuestros hijos a Dios de manera total y completa.* Hay dos posibles razones por las cuales te puedes resistir a esta idea:

Tal vez estás intentando (de modo inconciente) jugar a ser Dios en la vida de tu hijo. Quieres ser todo para tu hijo y estar siempre ahí para él. Sin embargo, de esa forma te resistes a la innegable verdad de que va a llegar el momento en la vida en el que tus hijos llegarán a ser independientes de ti (véase Génesis 2:24)… y cuando eso ocurra los tienes que dejar ir.

Estás haciendo a tu hijo un dios y no puedes imaginarte la vida sin él. La prueba que Abraham enfrentaba era: ¿Quién es más importante… Isaac o Dios? ¡Tu hijo puede llegar a ser tu ídolo! Para decirlo de otra forma: Puedes ser en exceso posesivo con tu hijo o tu hijo puede ser en exceso posesivo contigo. «Ofrecerle» a tu hijo a Dios es reconocer que ninguno de ustedes se pertenece a sí mismo ni le pertenece al otro; los dos le pertenecen a Dios.

Esta ofrenda les otorga a ti y a tu hijo la libertad de seguir sus propios Sueños al mismo paso del Dador de Sueños.

Bendición

La ofrenda nos parece algo desagradable y la bendición algo bueno. Pero es importante darnos cuenta de que estos son sencillamente dos aspectos de la misma realidad. Isaac bendijo a sus hijos al mirar hacia el futuro… *un futuro del que sabía no sería parte*. Jacob bendijo a sus nietos en su lecho de muerte… *porque ya no iba a ser parte de sus vidas* (Génesis 48—49). Por lo tanto, bendecir a tus hijos quiere decir que:

Reconoces tus propias limitaciones y confías tus hijos al infinito amor y cuidado de Dios.

Entiendes que no siempre vas a estar ahí para ellos, pero confías en la promesa de Dios según la cual él va a estar con ellos siempre. Cuando «ofrecemos» a nuestros hijos, estamos mostrando que aceptamos los Sueños puestos en ellos por el Dador de Sueños y reconocemos que preceden a lo que nosotros soñamos para ellos. Esto nos libera para dejarlos ir, incluso si sus Sueños los alejan de nosotros para siempre. Debemos hacerlo aun si tal cosa implica extrañarlos, como en el caso de Jacob.

Cuando bendecimos a nuestros hijos, lo hacemos en parte porque reconocemos la unicidad de sus Sueños. Debemos hablarles a nuestros hijos como Jacob cuando bendijo a sus hijos y sus nietos (Génesis 48—49), en futuro. No obstante, debemos aceptar la posibilidad real de que no vayamos a estar ahí para ver sus Sueños hechos realidad. Si ellos cumplen sus Sueños y cuándo los cumplirán es algo entre ellos y el Dador de Sueños. Así que no debemos atarlos a nosotros sino a él.

Algunos padres están dispuestos a dejar que sus hijos se vayan sin bendecirlos. Son demasiado egoístas para tomar parte activa en las vidas de ellos y sencillamente no podrían molestarse por sus Sueños o su relación con el Dador de Sueños. En realidad, tales padres lo que hacen es desechar a sus hijos en lugar de ofrecerlos.

Por otra parte, también hay padres que intentan bendecir a sus hijos sin ofrecerlos. Son aquellos que quieren ser buenos con ellos pero simplemente no pueden enfrentar el riesgo de dejarlos ir. Sin embargo, los padres que no depositan a sus hijos en las manos del Dador de Sueños se están interponiendo entre ellos y el verdadero cumplimiento de sus Sueños.

Ofrecer así como bendecir es doloroso

No te equivoques: ni ofrecer a tus hijos ni bendecirlos es fácil. La angustia de un padre que debe dejar ir a su hijo podría ser tan intensa como la pena de Jacob (Génesis 37:34). En la mayoría de las ocasiones es más fácil aferrarse a un hijo con todas las fuerzas posibles. Pero eso traería consecuencias más dolorosas a largo plazo. Impedirías que tu hijo viviera de modo independiente y te apropiarías de alguna forma del rol que el Dador de Sueños debe desempeñar en su vida. Los niños necesitan aprender que no siempre pueden apoyarse en mamá y papá para que las cosas salgan bien. Solo Dios puede guiarlos a través de algunos «valles tenebrosos» de la vida (Salmo 23). Incluso los padres que les han enseñado a sus hijos todo sobre Dios no pueden construir una relación personal entre ellos y el Señor

    Hay algunos caminos que solo Dios puede caminar con tu hijo. Hay algunos Sueños que solo Dios puede ayudarles a cumplir. Por lo tanto, todos los días, entrégate a ti mismo y a tu Sueño para tu hijo en las manos del Dador de Sueños. En mi libro *El Dador de Sueños* explico cuán importante es entregarle tu Sueño a Dios cuando él te lo pida. Eso es lo que quiere decir la fe: confiar en Dios, incluso cuando nos pide lo impensable.

Coloca a tus hijos y sus Sueños todos los días en las manos seguras del Dador de Sueños. Confía en Dios con respecto a tu hijo. Los hijos son en extremo sensibles a la ansiedad de un padre: Si estás mostrando inseguridad e infelicidad acerca de su futuro, ellos van a sentirse de la misma manera. Tal cosa los hará pensar que no están a la altura del riesgo que el Dador de Sueños les ha encomendado. Lo cual me recuerda un cuento:

En un día de sol dos muñecas de papel, la señora Blanca Pureza y la señora Sin Tacha, estaban viendo a sus dos hermosas hijas.

—Solo mira a Pequeña Pureza —dijo su madre orgullosa—. Es el pedazo de papel más blanco y limpio que he visto. ¡Y no es porque sea su madre! Nunca permitiría que ni una pizca de color ni un manchón de polvo arruinaran su belleza

—¿Y no está mi Pequeña Sin Tacha hermosa y limpia también? Solo mira cuán maravillosamente blanca está. No hay ni el más ligero atisbo de una mancha sobre ella.

—Ah, sí —observó la señora Blanca Pureza—. Hasta este punto hemos tenido un éxito rotundo al proteger a nuestras hijas de la engañosa oscuridad y las sombras de la vida.

—Pero, ¿quién es ese que viene ahí? —preguntó la señora Sin Tacha tapándose el sol de los ojos con la mano.

La figura que se les acercaba traía consigo una paleta y varios pinceles. Para ese momento, las dos amigas de papel ya habían notado la mirada soñadora y suave de sus ojos.

—¡No creerás que querrá... pintar a nuestras hijas! —exclamó la señora Blanca Pureza con ansiedad.

La señora Sin Tacha notó la forma en que él estaba mirando a sus hijas.

—Parece que eso es justo lo que quiere hacer...

—¡No hay forma de que vaya a permitir eso! —repuso la señora Blanca Pureza—. ¡Ningún artista va a profanar la pureza y la belleza de mi hija... no mientras yo pueda evitarlo!

—Pero, ¿qué tal si es un Maestro de Arte? —comenzó a preguntarse la señora Sin Tacha—. ¿Qué tal si él pudiera crear una obra maestra con la belleza de nuestras hijas, tan inmaculada... y vacía?

—Bueno... pero, por otro lado, podría hacer de todo un caos sin esperanza. No, no voy a correr ese riesgo. Me voy a asegurar de que mi hija Blanca Pureza siga así hasta el día en que me muera.

Al final de cuentas, cuando el Artista les pidió permiso a las dos madres para pintar su Sueño en sus hijas, la señora

Blanca Pureza se rehusó por completo. Tomó a su hija y huyó a los bosques. La pobre niña se quedó allí, seca y sin color, hasta que mojada por la lluvia y soplada por el viento, quedó reducida una vez más a pulpa de papel.

La señora Sin Tacha, con titubeos, levantó la mirada hacia el Artista y le dijo:

—Te confío a mi hija y la dejo en tus manos.

Y la Pequeña Sin Tacha le sonrió a su madre antes de poner la mano en la del Maestro de Arte. Él pintó sobre ella una obra de colores brillantes… una versión única de su Sueño para ella. Y en los años que siguieron, muchas personas fueron a observar la pintura y, en la profundidad de su belleza, redescubrieron sus propios Sueños olvidados.

¿Cómo enseñarle a mi hijo a confiar en el Dador de Sueños como su única Guía?

Hay algunas cosas que puedes hacer como padre:

Sé honesto en cuanto a tus limitaciones y todo lo que no entiendas. Si intentas dar la impresión de ser Dios en la vida de tu hijo —aquel que tiene todas las respuestas y puede manejarlo todo— te estás interponiendo entre él y Dios. En cambio, tu honestidad en cuanto a tus limitaciones va a ayudarle a confiar en el Dador de Sueños y a buscar su dirección.

Entiende que la relación de tus hijos con el Dador de Sueños es más importante que la relación de ellos contigo. Al principio los hijos llegan al conocimiento de Dios a través de sus padres. Pero poco a poco debes comenzar a retroceder cada vez más, permitiéndoles edificar su propia relación con el Dador de Sueños. ¡Tus hijos necesitan saber que la vida continuará sin ti!

Permite que tus hijos comiencen a construir sus propios mundos… y aprende a respetar sus límites. Mientras los niños son pequeños, viven por entero en el mundo de sus padres. La mayoría de los padres se encuentran con la tentación de quedarse con ellos de forma permanente. Sin embargo, en tanto los hijos crecen, llegan a vivir en un mundo del que los padres cada vez son menos parte. Establecen su propio círculo de amigos. Comienzan el colegio (¡y en muchos casos son personas muy diferentes allí de las que conoces en casa!). Luego se mudan y consiguen trabajo. Podrían casarse y comenzar su propia familia. Pasas de estar en el corazón de su mundo a ser alguien en el perímetro (¡ojalá aún bienvenido y amado!). Debes decirte a ti mismo: Así es como debe ser. Sería un error que tus hijos vivan en su propio mundo antes de tiempo, pero es un error tan craso como el anterior no permitirles construir su propio mundo.

Recuerda: Dios también está con tu hijo... en un mundo que podría parecerte extraño y desconocido.

Una vez que tus hijos tienen claros cuáles son los Sueños entretejidos por el Dador de Sueños en sus vidas, dales la bendición de discutir sus Sueños con ellos y ayudarles a ver que esos Sueños están conectados a las promesas de Dios. Esto lo puedes seguir haciendo hasta el día en que mueras. Continúa hablando con ellos de sus Sueños a medida que los años pasan. Muéstrales afecto, abrázalos con frecuencia, ayúdales a describir con palabras el futuro que el Dador de Sueños está planeando para ellos. Enséñales a confiar en la promesa de Dios de llevar a cabo su Sueño en cada uno de nosotros.

Ofrenda y bendice a tu hijo... ¡es difícil, pero al final sí que valdrá la pena el esfuerzo!

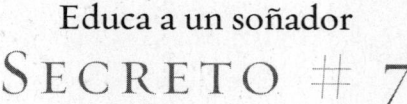

Educa a un soñador
SECRETO # 7

> RECUÉRDALES que seguir un Gran Sueño requiere *perseverancia*, tenacidad y creatividad para resolver los problemas.

Nadie hubiera jamás cruzado el océano si fuera posible abandonar el barco en medio de la tormenta.

CHARLES F. KETTERING

~

Si Colón se hubiera vuelto atrás, nadie lo habría culpado. Pero si de verdad lo hubiera hecho, nadie lo habría recordado.

BENJAMÍN FRANKLIN

> *Nunca **pierdas** la esperanza. ¡Nunca, nunca,*
> *nunca! Ni en las cosas grandes ni en las pequeñas.*
> *Y si te **rindes**, que sea solo sobre la base de los*
> *principios o el sentido común.*
> WINSTON CHURCHILL

~

> *El gran propósito de vivir es hacer obras que*
> *sobrevivan cuando tú no estés.*
> WILLIAM JAMES

«La vida es extraña», dijo él. «Mis padres me criaron para ser lo suficiente rudo como para manejar la vida, pero la misma me ha tratado con amabilidad. Me enseñaron a trabajar duro, perseverar y ahorrar. Sin embargo, llegué rápido a la cima de mi profesión y la mayor parte de mi vida he vivido bien. Así que decidí no ser tan estricto con mis hijos. Me gustaba consentirlos de maneras en que mis padres no podrían o no desearían haberlo hecho. Los niños necesitaban jugar, creía yo, ya vendrían los días de las preocupaciones y el trabajo. Ahora mis hijos tropiezan en un mundo difícil. Tienen dificultades para encontrar trabajo, y cuando lo encuentran no lo cuidan. Renuncian sin ninguna razón aparente. Siempre me están pidiendo dinero ... Pensaba que había sido criado de forma estricta y el mundo me pareció un lugar más bien bueno, pero mis hijos se criaron muy consentidos y ahora les parece que el mundo es un lugar cruel».

Hay una cosa que debemos enseñarles a nuestros hijos: *La vida es difícil*. Necesitan saber que ningún Sueño se hace realidad por sí mismo. ¡Y el hecho de que nuestros Sueños sean un regalo del Dador de Sueños no implica que el Viaje de los Sueños vaya a ser un paseo! Me pareció muy simple la declaración al comienzo del muy conocido libro *The Road Less Traveled* [El camino menos transitado], de M. Scott Peck: «La vida es difícil». Sin embargo, de modo usual las grandes verdades requieren pocas palabras. Esta frase inicial es justo una de esas verdades.

Una vez que hemos aceptado que la vida es difícil, dejamos de desilusionarnos y alterarnos cuando lo corroboramos. Por lo tanto, harías bien en comenzar a preparar a tus hijos para esta verdad sobre la vida tan pronto como sea posible. La Biblia tampoco hace de esto un secreto. Juan 16:33 declara: «En este mundo afrontarán aflicciones». Gracias a Dios el aliento viene a renglón seguido: «Pero ¡anímense! Yo he vencido al mundo».

De la cisterna a la esclavitud y luego a la cárcel

No sabemos si Jacob preparó a su hijo José para las dificultades de la vida. No obstante, sabemos que la vida del propio Jacob nunca fue fácil. Era el hijo favorito de su madre, pero su padre prefería a Esaú, su hermano. Después de haber huido de la ira de su hermano, jamás volvió a ver a sus padres de nuevo y estableció su hogar con su tío Labán, el cual no era una persona fácil para convivir ni tampoco honesto. Poco después de haberse casado con las dos hijas de Labán tuvo que escapar de nuevo, pero esta vez con su familia y sus posesiones. Además, había tensión entre sus dos esposas, así como entre sus hijos. Su amada Raquel, la madre de José, murió cuando daba a luz a Benjamín. Y Jacob pasó la mayor parte de su vejez bajo la falsa impresión descorazonadora de que los animales salvajes habían matado a lo que más amaba en la vida.

Quizás Jacob intentó enseñarle a José algunas de las más duras lecciones que la vida le enseñó a *él*. Pero tal vez su brillante Túnica de los Sueños no fue sino un intento de proteger a su favorito de las duras realidades de la vida. Muchos padres que han sufrido intentan hacer la vida de sus hijos mejor y más fácil.

Conozco a una chica que soñaba con convertirse en porrista del equipo deportivo de su escuela, pero no fue seleccionada. Así que su mamá le compró un carro para «consolarla» e hizo que se quedara en casa durante los partidos entre los colegios «para aliviar sus sentimientos». *Además*, reservó unos tratamientos en un balneario «para ayudar a la niña a sentirse mejor». Solo me pregunto qué va a pasarle a esta niña el día en que tenga que manejar por su cuenta las desilusiones y crisis del mundo adulto… porque su madre no *siempre* va a poder estar ahí para endulzar las amargas píldoras de la vida.

Tanto la historia de Jacob como la de José ilustran la necesidad de que los padres les enseñen a sus hijos que los Grandes Sueños demandan de nosotros mucha perseverancia. Aun cuando la vida de José resultó bien al final, él tuvo un viaje en extremo difícil. Durante muchos años su Túnica de los Sueños debió haberle parecido un recordatorio burlesco. Su Sueño había empezado muy bien, pero ¿dónde había ido a parar? Atrapado en una cisterna mientras sus hermanos decidían si matarlo o no. De camino a Egipto como esclavo mientras sus hermanos despedazaban su Túnica de los Sueños y la manchaban con sangre. Como esclavo en una familia extraña mientras su padre seguía sin consuelo. En la cárcel siendo inocente y permaneciendo olvidado por mucho tiempo, un olvido que incluía el de las personas a las que había ayudado y ahora lo podrían haber socorrido a él.

No hay dudas al respecto: La vida es difícil. Incluso las cosas no fueron fáciles ni tan siquiera al final, cuando el Sueño de José se cumplió por completo con sus hermanos inclinándose ante él. Porque, ¿cómo podría haber reconciliación entre sus hermanos y él después de las cosas terribles que le hicieron? Ellos no confiaban en él por completo, ni siquiera después que José los perdonó y les salvó la vida. Justo al final de esta historia sus hermanos seguían cavilando sobre este asunto. «Tal vez José nos guarde rencor, y ahora quiera vengarse de todo el mal que le hicimos» (Génesis 50:15). Esto es parte de lo que hace la vida tan difícil: ese rompimiento de las relaciones que a menudo está más allá de la restauración perfecta.

A este lado del Edén

Los padres a menudo anhelamos recrear algo del «Paraíso Perdido» en las vidas de nuestros hijos:

- Tratamos de alejar de ellos las realidades desagradables.

- Intervenimos de inmediato cuando tienen dificultades e intentamos resolver sus problemas por ellos.

- Nos mudamos cuando están teniendo problemas al relacionarse con otros (amigos, profesores) y damos por descontado que nuestros hijos tienen la razón y los otros están en el lado equivocado.

- Los sacamos con rapidez de situaciones que no les gustan (de forma que a un niño que no está disfrutando un colegio a veces lo trasladan varias veces en búsqueda de la perfección).

Los padres que actúan de esa manera les están dando (tal vez sin intención) un mensaje claro a sus hijos: «Se supone que la vida es fácil y divertida. Toda vez que experimentes insatisfacción, mami y papi intervendrán y harán la vida fácil y divertida para ti. Todo lo que tienes que hacer es quejarte y las cosas buenas de la vida caerán en tus manos». De esta forma se extiende la falsa noción de que los sentimientos de malestar y desagrado deben evitarse a toda costa. Y esto promueve el hacer un ídolo del «sentirse bien» y crea una impresión falsa de lo que es en realidad la vida.

No les haces un favor a tus hijos cuando promueves esta actitud. Si quieres que aprendan el arte de la perseverancia

—¡y van a necesitarla para vivir sus Sueños!— recuerda la posición muchísimo mejor del padre de Harry Emerson Fosdick. Una mañana, cuando iba de salida para su trabajo, le dijo a Harry: «Cuando hoy llegues a casa del colegio, puedes cortar el césped si quieres hacerlo». Ya estaba saliendo por la puerta cuando dijo por encima de su hombro: «¡Y es mejor que quieras hacerlo!» Hoy en día, dice Harry, escucha la voz de su padre siempre que tiene que hacer algo que no desea... «¡Y es mejor que quieras hacerlo!»

Otro gran hombre cuyo padre le enseñó el principio de la perseverancia es Konrad Adenauer, antiguo Canciller de Alemania Occidental. Su padre le aconsejó: «¡Sigue andando hasta el último kilómetro, y disfruta el viaje!»

Por supuesto, todos los padres querrán consentir a sus hijos alguna vez, y deben hacerlo. Pero si tus hijos reciben el mensaje de que tienen derecho a vivir una vida placentera y fácil, nunca van a estar preparados para la vida real, la vida a este lado del Edén. Algunas personas se sienten agraviadas porque la vida no ha resultado ser tan fácil como ellas esperaban. Otras sencillamente desisten cuando los desafíos de la vida se hacen un poco más duros. Y hay padres —ya jubilados y con hijos de mediana edad— que todavía ensillan el caballo blanco y corren al rescate de sus retoñitos ante cada «crisis» pequeña.

Fortalece a tu hijo

Ningún padre quiere que su hijo se ahogue en un mar de problemas que sea demasiado profundo para él. No obstante, a medida que crecen, debemos entregarles cada vez más responsabilidades para que se hagan cargo de sus vidas y resuelvan los problemas con sus propias manos. Aun así, muchos padres tratan a sus hijos como el hombre que intentaba ayudar a la mariposa en aquella historia clásica:

Una vez un hombre tomó una oruga y decidió ver cada paso de la metamorfosis de la pequeña criatura hasta llegar a convertirse en una mariposa. Fascinado, observó cómo la oruga tejió un capullo a su alrededor. Entonces el hombre comenzó a esperar con emoción para ver a la mariposa salir del capullo.

Esperó y esperó. Tras semanas de inactividad aparente, algo se movió en el interior del capullo: ¡La mariposa estaba en proceso de salir! En este punto, el hombre estaba enamorado por completo de la pequeña criatura, así que se preocupó al ver cómo luchaba para salir del capullo. Después de algunas horas, no pudo soportar más ver la lucha del insecto y decidió entonces ayudarle. Con un pequeño cuchillo cortó el resto del capullo para que la mariposa pudiera liberarse de modo rápido y fácil. Aguantando la respiración, el hombre se quedó esperando que la bella mariposa despegara y se elevará en toda su gloria.

Sin embargo, no lo hizo, pues sus alas no eran lo bastantes fuertes para permitirle transportarse. El hombre no sabía que su gesto bienintencionado en realidad no le había hecho ningún bien a la mariposa. La naturaleza *pretendía* que las mariposas nacientes lucharan contra las paredes del capullo; este proceso fortalece sus finas alas lo suficiente como para poder cargar con sus cuerpos. En la batalla por emerger, el cuerpo libera un fluido en las alas que les permite volar.

Esto es exactamente lo que hacemos cuando nuestros hijos tienen dificultades en el Viaje de los Sueños. Los protegemos del dolor y el sufrimiento, la desilusión y la decepción. Pero así como el hombre le negó a la mariposa la posibilidad de fortalecerse en el proceso de sobreponerse a su desafío, sobreproteger a nuestros hijos no es ni sabio ni sano… porque les negamos la oportunidad de hacerse fuertes al tener que lidiar con sus propios problemas a lo largo del camino de la vida y la fe. Para esto ellos necesitan ciertas *habilidades*, las cuales puedes ayudarles a aprender como padre y como persona que les sirve de ejemplo:

Enseña a tus hijos a confiar en el Dador de Sueños sin importar lo que venga. Los hijos necesitan aprender que pueden confiar en que Dios va a cumplir sus promesas, pero también necesitan saber lo que él promete. Dios nunca va a prometer hacer todo en nuestra vida fácil y divertido, pero pueden confiar en que *estará con ellos* en los momentos de tribulación y sufrimiento. Conozco a un joven con una habilidad particular para el montañismo, pero que lucha con algunas dificultades de aprendizaje. Toda su etapa en el colegio ha sido una completa batalla para intentar mantenerse a la par de sus compañeros. No obstante, con el apoyo de sus padres y la inamovible fe en la ayuda y la presencia de Dios en su vida, poco a poco está logrando aprender de manera que un día pueda sostenerse por sí mismo. En la última Navidad, sus padres, como premio a su perseverancia, le obsequiaron un par de zapatos para la montaña con una tarjeta adjunta que decía: «*Porque junto con Dios estás escalando el Monte Everest de la vida…*»

Enseña a tu hijo a tener fe y a ser realista acerca de la vida. Para el momento en que tus hijos se vayan de la casa, debes haberles enseñado cuán difícil puede ser la vida (¡sin haberlos asustado como para que se rehúsen a dejar el nido!). Sin embargo, también deben saber que «Dios dispone todas las cosas para el bien de quienes lo aman» (Romanos 8:28). Esto sencillamente quiere decir que en cualquier momento dado, puedo poner toda mi vida —lo bueno y lo malo— delante de Dios y decir: «¡Dios, solo tú puedes sacar algo valioso de todo esto!» Esta combinación de fe y realismo le enseñará a tu hijo que:

- *Aunque hay muchas cosas en la vida que no entendemos; con todo, la vida es buena* (como Pablo lo escribiera en 1 Corintios 13: Muchas cosas que se reflejan en el espejo de la vida no son claras para nosotros; pero el amor sigue siendo la mayor fuerza del mundo).

- *Aunque nunca encontremos para muchos problemas las respuestas satisfactorias, recibimos la fuerza para vivir con ellos.*

- *Aunque muchas veces no nos sintamos seguros, Dios siempre está con nosotros.*

- *Aunque con frecuencia no obtengamos lo que queremos, también en esos momentos el amor de Dios es suficiente para nosotros.*

Enseña a tu hijo la habilidad de resolver los problemas con creatividad. Cuando tus hijos son pequeños, es natural que resuelvas sus problemas por ellos. Sin embargo, tan pronto como sea posible, es vital progresar de «¡Déjame hacerlo por ti!» a «¡Ven, vamos a hacer esto juntos!» y a «¿Qué crees que deberías hacer *tú* en cuanto a esto?» Es importante darles a tus hijos la oportunidad de *ensayar* sus propias soluciones, así como la oportunidad de *equivocarse*, sin hacerlos sentir que un esfuerzo infructuoso es el fin del mundo.

Enseñar a tus hijos a resolver sus propios problemas es como enseñarles a caminar. Primero los tomas de la mano; luego les permites andar poco a poco por sí mismos; más adelante, nada más estás ahí en caso de que se caigan; y con el tiempo necesitan arreglárselas solos, aun si se caen.

Enséñale a tu hijo la perseverancia práctica. ¡Los niños deben aprender que nada que «valga la pena» resulta barato! Solo alcanzamos los Grandes Sueños al persistir con tenacidad. Una anécdota de la vida de Gary Player, el famoso jugador de golf, ilustra esta realidad:

> Player estaba saliendo del campo un día, agotado, cuando un golfista amateur le dijo muy emocionado:
>
> —¡Daría cualquier cosa por tener la habilidad de golpear la bola tan bien como usted!
>
> La cordialidad usual de Player lo abandonó por un instante y le respondió:
>
> —No, señor, no creo que diera cualquier cosa. "Daría cualquier cosa" por golpear la bola como yo *si fuera fácil*. ¿Pero sabe qué se requiere para lograrlo? Tiene que levantarse todos los días antes de las cinco de la mañana, ir al campo de golf y golpear las pequeñas bolas blancas *miles* de veces. Con el

tiempo, sus manos empiezan a sangrar. Entonces entra al club, se lava la sangre, se coloca un vendaje y sale de vuelta al campo, donde golpea las bolas otras miles de veces… con las manos adoloridas. Eso es lo que debe estar preparado para hacer. El precio del éxito es un trabajo muy, muy duro y una aun mayor resistencia mental.

Para enseñarles a tus hijos a perseverar *con sabiduría*, necesitas conocerlos bien y estar bien sintonizado con ellos. Si tu hija no tiene muchas aptitudes para la música, no la disfruta y solo está tomando clases para agradarte (¡tú amas la música de verdad!), tus esfuerzos por enseñarle a perseverar en esto están condenados al fracaso. Habla con ella una vez más acerca de sus Sueños y aliéntala a decirte lo que piensa que va a necesitar para vivir esos Sueños. Tal vez sueña con hacer cosas hermosas utilizando sus manos. Tu ayuda práctica y tu aliento para que persevere en el campo que ha escogido logrará mucho más que forzarla a pasar horas interminables frente al piano, lo que probablemente acabará con el poco amor que pudiera haber tenido por la música en primera instancia. ¡La mejor forma de enseñarles a tus hijos a perseverar en algo es permitiéndoles hacer lo que ellos también disfrutan! Una vez que han aprendido a perseverar en un área por la que tienen una preferencia natural, estarán luego en capacidad de aplicar esta habilidad a otras áreas de desempeño.

Una palabra final

¡Recuerda que tú también necesitarás la perseverancia que quieres inculcarles a tus hijos!

Seamos honestos. Los hijos son maravillosos, pero nos dejan agotados. Nos hieren. Nos conducen a la desilusión. Y seamos sinceros acerca de nosotros: Amamos a nuestros hijos, pero también los herimos y los desilusionamos; los cansamos o simplemente los irritamos. La paternidad es difícil, pero nos trae una satisfacción inigualable. Y eso es en sí mismo un Sueño precioso. El día en que cargaste a tu hijo por primera vez, tu corazón estaba lleno de Sueños acerca de la clase de padre que ibas a ser. Quizás este sueño se ha marchitado con el tiempo. Tal vez lo has adaptado a medida que aprendiste más sobre la paternidad. Pero creo que, básicamente, el Sueño de todo padre es: *Quiero ser un buen padre para este hijo. Quiero darle a mi hijo un fundamento fuerte para la vida.*

A veces parece que este Sueño nunca se va a hacer realidad. Continuar detrás de él requiere resistencia y perseverancia. Tal cosa demanda confianza absoluta en el Dador de Sueños, el cual puso a tu hijo —con sus Sueños únicos— en tus manos. Si crees en los Sueños y quieres ayudar a tus hijos a perseguir un Gran Sueño, uno que pueda cambiar el mundo de manera grande o pequeña, estás advertido: Esto va a demandar mucho de ti. Aun así, quiero hacerte una invitación: Sin que importe dónde estén tus hijos hoy, independientemente de qué estén haciendo, no renuncies a ese Sueño. *¡El mismo proviene del corazón de Dios!*

Otros títulos en la popular serie **El Dador de Sueños**

El Dador de Sueños
    Bruce Wilkinson con David y Heather Kopp
El Dador de Sueños para Líderes
    Bruce Wilkinson con Andries Cilliers

Nos agradaría recibir noticias suyas.
Por favor, envíe sus comentarios sobre este libro
a la dirección que aparece a continuación.
Muchas gracias.

Editorial Vida
8410 N.W. 53rd Terrace, Suite 103
Miami, Fl. 33166

Vida@zondervan.com
www.editorialvida.com